DAVID GRINBERG

ROTINA DE FERRO

MOTIVAÇÃO, DISCIPLINA E RESILIÊNCIA DE UM IRONMAN PARA VENCER O CÂNCER

2ª ediç

Planeta

Copyright © David Grinberg, 2020
Copyright © Editora Planeta do Brasil, 2020, 2021
Todos os direitos reservados.

Preparação: Sandra Espilotro
Revisão: Thais Rimkus e Andréa Bruno
Diagramação: Maria Beatriz Rosa
Capa: Departamento de criação da Editora Planeta do Brasil
Foto de capa: Arquivo pessoal

Dados Internacionais de Catalogação na Publicação (CIP)
Angélica Ilacqua CRB-8/7057

Grinberg, David
   Rotina de ferro: motivação, disciplina e resiliência de um ironman para vencer o câncer / David Grinberg. – 2. ed. – São Paulo: Planeta, 2021.
   208 p.

   ISBN 978-65-5535-305-1

   1. Câncer – Pacientes – Narrativas pessoais 2. Grinberg, David - Memória autobiográfica 3. Linfoma - Pacientes – Biografia 4. Atletas - Câncer I. Título

21-0569   CDD 926.16994

Índices para catálogo sistemático:
1. Linfoma – Pacientes – Narrativas pessoais

Este livro tem o apoio da
Aberje – Associação Brasileira
de Comunicação Empresarial

Os direitos autorais da venda deste livro vão ser doados para a Abrale – Associação Brasileira de Linfoma e Leucemia

2021
Todos os direitos desta edição reservados à
EDITORA PLANETA DO BRASIL LTDA.
Rua Bela Cintra, 986, 4º andar – Consolação
São Paulo – SP CEP 01415-002
www.planetadelivros.com.br
faleconosco@editoraplaneta.com.br

Prefácio   5

Introdução   9

1. Vida de atleta   13

2. A preparação para o grande dia   27

3. Tem algo errado comigo   39

4. "David, você é um ironman!"   63

5. O primeiro ciclo e a criação do projeto #ThisIsAMission   87

6. No segundo ciclo, virei escritor   109

7. De volta à prisão hospitalar   121

8. Foco nos pequenos objetivos – um passo de cada vez   141

9. A etapa final: o transplante de medula   159

10. Estou de volta   181

Posfácio   193

Agradecimentos   203

Prefácio

Receber um diagnóstico de linfoma agressivo, assim como o de qualquer tipo de câncer, causa no paciente uma espécie de revolta. Os mais jovens costumam se perguntar: "Por que eu?" ou "O que fiz de errado?". A ansiedade diminui um pouco quando o problema é claramente classificado e a pessoa se informa melhor sobre o tratamento, que pode incluir quimioterapia, radioterapia e transplante de medula óssea. Nesses casos, o normal é que, durante determinado período, enfrentar a doença se torne o objetivo desses pacientes.

Faço parte daqueles profissionais que recomendam que, no curso do tratamento, a vida deve mudar o mínimo possível. Isto é, sempre que puder, a pessoa deve manter as atividades profissionais, esportivas e sociais, tomando cuidado apenas nos momentos de maior vulnerabilidade. Acredito que, para isso, é fundamental ter apoio familiar e de uma equipe multiprofissional.

David Grinberg é um dos pacientes mais determinados que já tive em meus vários anos de carreira como médico hematologista. Passado o susto inicial, ele conviveu com sua doença sempre com otimismo e bom humor. Dessa forma, enfrentou as dificuldades e os sofrimentos inerentes a um tratamento de câncer com muita força e disciplina. Sua atitude é o verdadeiro sentido da palavra "superação", que está relacionada aos termos "triunfo" e "conquista". David usou o esporte, ao qual tanto se dedica, como objetivo máximo de sua vitória sobre a doença.

Por ser um esportista tão esforçado, desde que recebeu a primeira informação sobre o diagnóstico, sua meta foi alcançar a cura e retomar a vida familiar, profissional e esportiva o mais rapidamente possível.

E assim ele seguiu: nunca deixou de ser um marido, um pai e um filho exemplar. Além disso, foi reconhecido como um profissional incrível, sendo surpreendentemente promovido para assumir novos desafios no decorrer do longo tratamento a que se submeteu. Por fim, voltou a todo vapor assim que pôde para seu esporte predileto: o triatlo.

O comportamento de David demonstra a importância do pensamento positivo em um tratamento intenso como o dele. E também mostra que um estilo de vida saudável e ativo ajuda imensamente a encarar os inúmeros desafios da batalha contra essa doença. Com sua força de vontade e o otimismo de alguém que nunca acreditou em outra possibilidade além da cura, David transformou o longo tempo de sua enfermidade em um desafio parecido com a preparação para uma competição de Ironman, uma de suas paixões.

Alguém tem alguma definição melhor de exemplo de superação que a trajetória de David Grinberg?

Boa leitura!

— *Dr. Nelson Hamerschlak*
Coordenador do programa de hematologia e transplantes de medula óssea do Hospital Israelita Albert Einstein e chefe da equipe que tratou David Grinberg.

Introdução

A conversa seguia com naturalidade no quarto do hospital onde eu estava internado naquela tarde de 13 de junho de 2018. Eu, meu pai Max, minha mãe Eva, e minha esposa Thais, acompanhados por um cardiologista, falávamos de amenidades e projetos futuros – principalmente de esporte, que é a minha paixão. Estávamos aguardando os resultados de exames que havia feito minutos antes devido a um desmaio que tive mais cedo, após dias de frequentes mal-estares logo depois de ter completado o Ironman.

No entanto, as coisas não correram como o esperado. O hematologista de plantão entrou de repente no quarto e anunciou, seco, entre duas frases: "David, você está com câncer". Na sequência, senti um grande mal-estar, extrema fraqueza e apaguei.

Mas não, não foi como havia acontecido naquela mesma manhã; foi uma parada cardíaca, que durou onze segundos e da qual fui salvo por meu pai, que, cardiologista experiente, agiu rápido no início da massagem cardíaca que me trouxe de volta. Foram onze segundos em que o monitor a que eu estava ligado apitou seguidamente, como ocorre quando as pessoas perdem os sinais vitais.

A partir daqui, convido você, leitor, a me acompanhar nas etapas de minha vida e em minha luta. Um tempo nada fácil, com dores, medos, angústias, mas também com muito pensamento positivo, esperança e tenacidade na perseguição de meu objetivo: me recuperar, entrar em remissão da doença, voltar a competir e me dedicar à minha família e ao trabalho. Não foi fácil, mas foi possível.

Durante uma de minhas estadas no hospital, comecei a escrever este livro e a rever vários pontos, valores e comportamentos. Qualquer doença é terrível, e acho que fazemos uma avaliação natural quando começamos a nos questionar se vamos estar aqui em seis meses ou um ano. Algumas de minhas reflexões estão nesta obra, e espero que elas sejam úteis, principalmente para quem atravessa uma fase bastante desafiadora, como a superação de grave enfermidade.

1. Vida de atleta

No fim de 2017, depois de um dia intenso – em que acordei às 4h30 da manhã para treinar, trabalhei várias horas sem descanso e ainda cheguei em casa a tempo de brincar com meus filhos –, coloquei a cabeça no travesseiro e, exausto, não tive vontade de tocar no livro ou nas revistas empilhadas sobre a mesa de cabeceira. À espera do sono, ainda pilhado, resolvi navegar um pouco pelas redes sociais para relaxar. Vasculhando as publicações do Facebook, decidi qual seria meu desafio para os meses seguintes: participar de um Ironman, no formato mais temido, a que chamamos informalmente de *full*. Seria minha primeira vez nessa modalidade. Eu já havia disputado quatro Ironman 70.3, mas o *full* tem o dobro da distância, e era ele que eu encararia em maio de 2018. Sem ter a menor ideia de que esse um dia seria meu objetivo, eu já vinha treinando para uma grande prova havia dois anos. Na verdade, acho que vinha me preparando para essa competição a vida toda.

Sempre fui viciado na prática de esportes, aos quais me dedicava com afinco e com muita disciplina desde criança. Com a chegada da vida profissional, naturalmente a atividade física deixou de ter tanta presença em minha rotina. Mas continuei ativo, treinando e disputando provas, ainda que sem metas ou preocupações. Anos depois, já adulto e com a situação mais consolidada – família, filhos e responsabilidades maiores no trabalho –, senti falta do "cloro nas veias" da constância na prática da natação e resolvi resgatar um pouco do que ser atleta significava para mim. Afinal, sempre acreditei que a disciplina, a motivação, a resiliência e o entusiasmo que o esporte proporciona têm uma sinergia muito grande com o mundo corporativo.

Após vários anos de extrema dedicação à minha profissão, conquistei um cargo de alta liderança em uma grande multinacional. Minha responsabilidade cresceu muito, e a expectativa – da empresa, da equipe, das outras pessoas e principalmente a minha – pelo sucesso tornou-se ainda maior. Nessa fase, o esporte se transformou em mais uma forma de desafio para que eu mantivesse o foco no que era importante na carreira e seguisse em frente; afinal, ambos requerem constante criação de novas metas. Não tenho dúvidas de que a disciplina que a atividade esportiva ensina é um motor para qualquer outro objetivo na vida, já que proporciona todos os instrumentos e todas as técnicas necessárias para que você não se desvirtue dos objetivos propostos. E isso é fundamental no dia a dia profissional.

Enquanto meu pai exigia de mim boas notas na escola, como forma de termos opção na escolha de uma profissão na vida, minha mãe foi a grande responsável por eu ter me encaminhado ao esporte e não desistido dele. Incentivadora, mas com mão firme e companheira, exigia que eu e meus dois irmãos nos dedicássemos a uma prática, fosse qual fosse. Podíamos experimentar todas e escolher aquela de que mais gostássemos, mas a partir daí tínhamos que levar a opção a sério: treinos, horários, rotina e boa alimentação.

Seguíamos uma agenda regrada, na qual a performance nunca foi uma preocupação, mas a saúde, sim.

Desde pequeno, pratiquei todas as modalidades de esportes imagináveis na escolinha do Clube Hebraica, do qual minha família é sócia. Todos os dias, acordava cedo, ia para a escola, voltava, almoçava, fazia a lição e ia para o clube. Quase não tinha tempo de ir à casa dos amiguinhos, de jogar fliperama no shopping nem de fazer as coisas comuns à maioria das crianças. Minha rotina era rígida, um treino para que eu me tornasse um adulto seguro e com foco nas metas da vida. De segunda a sexta-feira, tinha hora para tudo. E tudo precisava ser feito até as 20h30, horário em que eu deveria estar na cama.

Aos sábados, nada de folga. Acordava de manhãzinha para treinar ou competir. Sempre me adaptei a ordens e orientações de meus pais. Eu era uma criança obediente e, apesar da infância regrada, ou talvez por causa dela, não fui um adolescente rebelde, não briguei para ir à balada nem para ficar acordado até tarde. Cresci tomando gosto pelo esporte, e minha competitividade natural exigiu cada vez mais dedicação. Gosto de concorrer com os outros e comigo mesmo. E percebi que preciso sempre ter objetivos, seja diminuir meu tempo, alcançar uma posição melhor no esporte, seja superar as metas determinadas no trabalho. É isso que me impulsiona, que me traz adrenalina e me torna realizado.

Era na natação que eu me sentia feliz – eu adorava a prática, e nada me tirava a vontade de seguir na piscina. Desde pequeno, competia e já conquistava minhas primeiras medalhas. Mas não foi fácil para um menino tão novo gerenciar as responsabilidades das competições: o frio na barriga antes das provas, minhas próprias cobranças e as dos treinadores, dos colegas e dos amigos. Apesar dos bons desempenhos, nunca cheguei a ser um esportista de nível profissional, mas levava a rotina a sério, como se fosse.

Com o passar dos anos, minhas prioridades mudaram, mas eu nunca deixei de praticar algum esporte com essa mesma seriedade. Também tentei jogar futebol – e até que fui longe demais para meu parco talento: cheguei, inclusive, a atuar como semiprofissional. Fiz intercâmbio na Inglaterra e lá participei da equipe de futebol da escola em que estudei e acabei recrutado para me juntar ao time da cidade, que participava da quinta divisão do Campeonato Inglês de Futebol na temporada 1998-1999. Cheguei a fazer parte do Hastings Rangers, equipe da pequena cidade de Hastings, onde o Reino Unido foi fundado, em 1066. A fama dos jogadores brasileiros à época contribuiu em muito para que me convocassem.

Atuava como zagueiro e, logo no segundo jogo, a vaga de titular caiu em meu colo por pura sorte. O rapaz que jogava na posição se envolveu em uma briga de bar na noite anterior à disputa e foi condenado a um ano de cadeia. Com a camisa número 4 do uniforme rubro-negro do Hastings, atuei em apenas cinco partidas. Nas quatro primeiras, até que fui bem, permanecendo em campo os noventa minutos de jogo, e o time ganhou com certa facilidade. Na rodada seguinte, o desafio foi maior, pois enfrentamos um adversário mais forte. Eu me lembro de já estarmos perdendo de dois a zero quando o atacante do outro time veio em minha direção e tentou me driblar. Não hesitei e dei-lhe uma rasteira que mais pareceu um golpe de capoeira. Juro que tentei ir apenas na bola, mas o juiz marcou pênalti, me expulsou e acabou com minha carreira futebolística. Não consegui sair do banco de reservas. A temporada chegou ao fim e, praticamente sem minha ajuda, o time se consagrou campeão! Foi uma experiência boa e divertida, mas que me convenceu ainda mais de que meu negócio sempre seria a água. Quando voltei ao Brasil e contei sobre minha participação não muito brilhante no time, meus amigos confirmaram minhas suspeitas de que, para mim, o jogo de bola era esporte para assistir e, de vez em quando, brincar com meus filhos.

Já na faculdade de Jornalismo, continuei minha rotina esportiva, da qual guardo agradáveis lembranças. Passei a acordar pouco depois das quatro da manhã para nadar das 5h às 6h30. Ia para o clube no fusquinha azul do Murilo Santos, amigo e técnico da equipe que defendi por vinte anos e um dos responsáveis por aprimorar meu desenvolvimento no esporte. Ele morava perto da minha casa e me buscava na esquina da rua. Volta e meia éramos parados por policiais que achavam estranho circularmos pelas ruas naquele horário. Não era fácil convencê-los de que íamos treinar natação em plena madrugada, ainda mais no inverno. Depois da prática, Murilo me deixava na faculdade, onde eu assistia a aulas até o fim da manhã. Voltava para casa e, à tarde, partia de novo para o clube, dessa vez em uma sessão que durava aproximadamente três horas. Era uma rotina puxada, mas que me fazia bem.

Anos depois, em 2014, resolvi partir para outra modalidade de esporte que não só a natação. Minha escolha foi a corrida de rua, que havia crescido muito no Brasil, abrindo um leque de opções em termos de eventos e níveis de distâncias. Era a oportunidade de escolher em quais modalidades eu iria competir. Pareceu-me a opção perfeita.

No início, corria 10 quilômetros, padrão para quem quer manter a forma. No entanto, como sempre – e como é do meu feitio –, manter a forma não era o meu objetivo na modalidade, então me esforcei nos treinos e logo estava atrás de outras conquistas mais desafiadoras, o que é comum à maioria dos esportistas que exigem o máximo de si. Fiz vários percursos, cada vez mais longos, mas em minha cabeça a meta real já estava traçada: correr uma maratona, a maior distância disponível em eventos amadores. Não me contentaria em não chegar ao ápice da modalidade.

Fiz da maratona, então, meu alvo seguinte: fui atrás de orientação profissional e, seis meses e muitos treinos depois, consegui concluir a Maratona de Londres de 2015. Apesar de alguns problemas durante a corrida, para mim, participar da prova foi uma grande realização pessoal e uma conquista esportiva imensa. Naquela hora, percebi que a maturidade também gera benefícios, uma vez que nas provas de longas distâncias o fator preponderante não é a condição física – já que todos os atletas estão treinados e aptos –, mas o componente psicológico. A "cabeça", como dizem, é responsável por 90% do sucesso numa competição de mais de três horas.

A corrida me trouxe outro tipo de prazer, ainda mais por ser eu uma "pessoa da água". Além disso, Thais, minha esposa, sempre foi minha grande incentivadora, entende minha paixão pelo esporte, me apoia muito e acompanha quando possível. Isso foi fundamental em minhas tomadas de decisão, pois sabia que tinha retaguarda e compreensão de minha companheira. Apesar de ela ser executiva e trabalhar bastante, sempre senti sua presença junto a mim, mesmo quando ela não podia estar comigo por causa do trabalho e de nossos dois filhos gêmeos – um menino e uma menina.

Concluir Londres foi uma realização. No entanto, assim que acabei a maratona, senti que queria maiores e diferentes estímulos e já projetava etapas futuras – só a natação e a corrida não me satisfaziam mais, não preenchiam a vontade de me testar, de saber os limites de meu corpo. Lembro-me de estar exausto e não conseguir dar um passo sequer depois da prova e de que, por causa do frio intenso e da garoa fina que enfrentei durante todo o percurso, precisei lutar contra um resfriado que me atormentou pelos cinquenta dias seguintes. Mesmo com todos esses percalços, a decisão estava tomada: eu precisava de alguma coisa que me desafiasse de outra maneira. Algo mais intenso, que me demandasse mais. O triatlo foi a resposta, o caminho natural.

O que me atraiu nesse esporte foi a combinação de três modalidades – natação, ciclismo e corrida. *Sou nadador desde sempre, já havia conseguido concluir uma maratona, bastava começar a pedalar*, pensei. Com essa ideia na cabeça, resolvi procurar uma equipe para me orientar. Foi assim que me juntei à Run&Fun, grupo de Mario Sérgio Andrade e Silva, grande amigo e sumidade no assunto. Lá encontrei uma turma receptiva e treinadores incrivelmente comprometidos. No entanto, eu estava enganado, pois não era só pedalar, já que o início de um novo ciclo de treinamento representou uma grande mudança em minha rotina esportiva, profissional e, sobretudo, familiar. Antes, eu me dedicava apenas à prática de uma modalidade por vez. Precisava fazer musculação e outras atividades relacionadas à natação ou à corrida, mas o foco era apenas treinar os mesmos movimentos.

O triatlo requereu muito mais tempo e dedicação, e tudo ficou mais complexo, até porque nunca fui um atleta profissional. No trabalho, tenho uma agenda de compromissos bastante intensa, viagens, reuniões e resultados a entregar, e a pressão é muito maior que qualquer prova de longa distância. Em casa, as demandas também são grandes. Além de minha esposa, que também tem uma carreira profissional bastante ativa, meus filhos, os gêmeos, precisam de minha atenção, minha companhia. Quando me meti nessa aventura, eles ainda eram pequenos e exigiam minha presença, de corpo e alma, para ajudar na lição de casa, brincar, jogar ou simplesmente receber um carinho e ouvir uma história. Os três foram fundamentais para que eu conseguisse cumprir de maneira mais ou menos satisfatória essa rotina quase insana de marido, pai, atleta e executivo. Na dedicação de equilibrar todos esses papéis, tenho certeza de que servi como exemplo de perseverança para meus filhos, apesar de várias vezes estar ausente por causa dos treinos mais longos.

Determinado no triatlo, a dificuldade maior foi o ciclismo, como eu já previa. Nunca fui fã de bike e, quando pequeno, o máximo que fazia era dar umas voltas e ensaiar umas piruetas a bordo da minha Caloi Cross vinho nas ruas da praia onde passávamos as férias de verão. Para piorar, os treinos começavam às cinco da manhã na USP. O despertador tocava às 4h15, eu engolia uma banana e alguns suplementos, trocava de roupa e ia para a Cidade Universitária. Isso porque já havia resolvido toda a logística de separar as roupas e colocar a bicicleta no carro na noite anterior.

Nos outros dias, respirava aliviado porque tinha um pouco mais de tempo para dormir e só precisava acordar às cinco para as sessões de corrida e natação. Chegava ao clube às 5h45 e já iniciava a corrida até o Parque do Povo, percorrendo uma distancia média de 10 quilômetros. Voltava ao estacionamento, pegava a mala com os apetrechos aquáticos e a roupa de trabalho, já que seguia direto dos treinos para o escritório, e caminhava para a piscina para uma sessão de mais ou menos uma hora com a Adriana Silva, técnica da equipe de natação máster da Hebraica e irmã gêmea do Mario Sérgio.

Depois de três meses de treinos intensos, resolvi me inscrever para disputar meu primeiro triatlo – o tradicional Troféu Brasil, que teria uma etapa na USP. Optei pelas distâncias mais curtas, o Spring Triatlo: 750 metros de natação, 20 quilômetros de ciclismo e 5 quilômetros de corrida.

A experiência foi incrível! Terminei a natação entre os primeiros colocados, mas não me empolguei muito porque, afinal, aquele era meu esporte do coração, e eu sabia que tinha um nível superior aos demais. No entanto, ao fazer a transição para a bicicleta, descobri que ainda tinha muito a aprender. No meio do percurso, ao tentar desembaçar meus óculos escuros, sofri uma queda. Na hora, fiquei muito abalado, meio perdido, mas, como não me machuquei com gravidade – tive somente alguns cortes e arranhões no cotovelo e no joelho –, pude voltar à prova após a equipe de apoio do evento me ajudar e fazer os reparos necessários na bicicleta. No fim da corrida, mesmo com dor e ensanguentado, eu me senti extremamente realizado. Havia me encontrado no triatlo!

Desde que experimentei essa prova, não quis mais parar. Tomei gosto profundo pelo desafio desse tipo de competição e resolvi me dedicar. A rotina de treinos se tornaria cada vez mais intensa, mas o gosto pela modalidade já havia me cativado. Até mesmo as sessões mais longas de treinamento que fazia nos fins de semana viraram motivo de prazer. Sentia uma realização incrível quando percebia que podia vencer mais e mais quilômetros. Com o tempo, vi que estava evoluindo como atleta e resolvi me aventurar em distâncias ainda mais longas. Assim, completei vários Triatlos Olímpicos, cujo percurso inclui 1,5 quilômetro de natação, 40 quilômetros de ciclismo e 10 quilômetros de corrida.

No fim de 2015, o ritmo da vida estava muito acelerado, e o ano havia sido bastante desgastante, já que enfrentei vários desafios no trabalho e no esporte, sobretudo a preparação e a disputa da primeira maratona. Era hora de descansar. Mas não resisti e resolvi seguir em frente. O passo seguinte, naturalmente, era o tão aguardado Ironman.

Foi com ansiedade que me inscrevi no Ironman 70.3 de Orlando, na Flórida, para experimentar uma prova de longa distância, com várias horas de duração e um desgaste tremendo para o corpo e para a mente. Afinal são 1,9 quilômetro de natação, 90 quilômetros de bicicleta e 21 quilômetros de corrida, de modo ininterrupto. Eu, como atleta, só consigo manter a disciplina para seguir a rotina de treinos se tiver um objetivo definido. Não sou daqueles que gosta de treinar apenas para manter a forma. Além disso, a coincidência de datas era perfeita. O Ironman aconteceria em abril de 2016, em Orlando, exatamente um dia antes de um evento corporativo do qual eu participaria. E, como estávamos no fim do ano, ainda tinha quatro meses e meio para me preparar para a competição. E tudo isso durante o verão, o que me motivava ainda mais.

Mesmo enfrentando treinamentos muito puxados, em nenhum momento pensei em desistir. Persegui minha meta, com obstinação e disciplina. O verão que me motivou também me fez sofrer na hora de realizar os famosos "longões" – treinos de longas distâncias – debaixo de sol e temperaturas extremamente altas.

O sofrimento, no entanto, valeu a pena, ainda mais quando a prova se aproximava. Viver o ritual que os atletas precisam cumprir na semana e principalmente no dia da competição é quase mágico. Tudo muda. O nervosismo aumenta, e ficamos completamente atentos a detalhes, que são inúmeros! Primeiro, temos que separar todo o equipamento que vamos usar nas diversas modalidades: uniforme, roupa de borracha, touca e óculos para a natação e, para a bicicleta, capacete, sapatilha, tênis de corrida, meias, cinto para o número de identificação, *chip* de cronometragem, além de toda a alimentação – suplementos para as horas de pedal e barras para a corrida. Depois, é preciso definir e memorizar a estratégia de cada percurso, que consiste em saber exatamente em que momento acelerar ou diminuir, quando se hidratar ou se alimentar. Temos também que antever o inesperado, como chuvas, quedas, lesões, mar revolto... Enfim, é necessária uma concentração gigante durante todo o tempo da competição.

Eu sempre soube, desde pequeno, da importância da disciplina e da concentração em tudo o que faço na vida. E devo isso em grande parte ao esporte. Essas duas ferramentas não vêm de graça, demandam treino e atenção, mas me foram extremamente úteis em toda a minha vida – inclusive durante o enfrentamento da doença. A disciplina ajuda a seguir regras, ter foco e não se dispersar. É claro que é possível obter tudo isso com outras atividades; aliás, qualquer uma delas, quando levada a sério e seguida com constância, ajuda incrivelmente nos momentos mais importantes e nos mais difíceis.

A parte boa é que nas provas há uma tremenda solidariedade entre os participantes. Esse é um gesto comum em modalidades esportivas de longa distância, em que o desgaste físico e emocional é bastante elevado. Todos se ajudam o tempo todo, seja para compartilhar um copo de água, fechar o zíper de uma roupa de borracha, seja para correr a seu lado e motivar. A maioria dos atletas não se importa se o gesto pode, de alguma maneira, prejudicar o próprio tempo ou suas colocações na competição.

Para mim, em uma competição desse tipo, com esse grau de exigência de preparação, simplesmente inexiste a possibilidade de desistir. Não há espaço nem para pensar em abdicar. Posso diminuir o ritmo, mas consideraria uma vergonha não cruzar a linha de chegada. As temidas dores são inerentes a esse tipo de esporte, e é preciso saber conviver com elas. Diante disso, meu lema sempre foi: se estiver com dor, encontre outra mais forte para esquecer a primeira. Assim, a sensação de chegar ao fim da prova de Orlando foi indescritível. Eu me senti recompensado por todas as horas de sono perdidas, todas as dores constantes, o cansaço, tudo o que estava no pacote desse desafio.

Continuei meus treinos focado em melhorar meu desempenho no Ironman 70.3 e, um ano depois, em abril de 2017, já um pouco mais experiente, completei meu segundo Ironman, na cidade de Galveston, no Texas. Foi uma experiência incrível, porque, além da felicidade que senti ao terminar a competição e melhorar meu tempo em mais de quinze minutos em relação a Orlando, tive minha esposa por perto para me incentivar e torcer por mim. Foi a viagem ideal, pois reuniu o prazer da disputa e da melhoria no desempenho com o carinho e estímulo da Thais.

Naquele momento, porém, eu já intuía que o salto para a distância *full* seria inevitável. No entanto, também tinha noção de que precisava ir com calma, já que, com uma distância mais longa a cumprir, o compromisso com os treinos precisaria ser bem maior. Estava com esse dilema na cabeça naquela noite no fim de maio de 2017 quando me deparei com a mensagem sobre o Ironman Brasil, em Florianópolis, uma das provas mais tradicionais do calendário mundial, informando que as inscrições para a edição de 2018 da competição estavam abertas. Exausto, morrendo de sono e sem conseguir pensar direito, cedi ao impulso de preencher o cadastro. De repente, eu me dei conta de que havia me inscrito no Ironman *full*! E pior: sem contar nada para minha mulher, eu ia agora me preparar para dobrar minhas metas até aquele momento, ou seja, completar 140,6 milhas! Virei para o lado e caí no sono.

2. A preparação para o grande dia

Nos dias que se seguiram à inscrição, procurei manter a rotina normal. Continuei me levantando cedo para treinar, trabalhei muito e passei um bom tempo com meus filhos e minha esposa, me desdobrando em três. Em algum lugar de minha mente, porém, algo me perturbava. Ao mesmo tempo que me sentia satisfeito por ter dado um passo na direção de um objetivo esportivo que me desafiasse ainda mais, estava apreensivo porque sabia que aquilo implicaria uma dedicação muito maior e principalmente porque ainda não criara coragem para compartilhar com a Thais e meus treinadores a notícia de que havia feito minha inscrição para o Ironman *full*.

Como uma criança que faz algo errado e fica na expectativa de que os pais descubram a travessura, fui protelando a informação, imaginando uma bronca da esposa e o espanto e a incredulidade dos técnicos que me preparariam. Afinal, ainda estávamos em junho de 2017, e a prova seria apenas em maio de 2018. Tinha tempo de sobra tanto para convencer minha família a me apoiar em mais uma maluquice esportiva quanto para estabelecer um programa de treino eficiente com os técnicos de natação, ciclismo e corrida. Agora era o tempo de preparo para transpor limites, me testar, completar a etapa mais difícil e tentadora no esporte para mim até então.

Apesar de sempre ter gostado de desafios, tinha completado o Ironman 70.3 em Galveston, no Texas, fazia apenas dois meses – e ainda me sentia de ressaca da pesada rotina dos treinos. Diminuí o ritmo, mas mantive a frequência, para continuar ativo e em forma e porque não queria perder o contato com o pessoal com quem treinava. Pode soar estranho, mas tão divertido quanto treinar era começar o dia ao lado de amigos e conhecidos da equipe. Só um bando de loucos para enfrentar frio, chuva, vento e a insegurança da madrugada para pedalar, correr e nadar. Éramos um grupo que tinha tudo em comum: a disciplina, o objetivo definido e o foco naquilo que queríamos; estávamos unidos pela paixão incontrolável da aventura no esporte. O mais interessante, porém, era que, durante as sessões de treinos, os assuntos mais comuns não tinham nada a ver com as competições de triatlo. Em vez de falar sobre os novos recordes que um campeão estabeleceu ou o novo modelo de bike lançado, conversávamos sobre o jogo de futebol da noite anterior (que na maioria dos casos não podíamos ver porque tínhamos que dormir cedo), amenidades do dia a dia, filhos e trabalho. Sobretudo, treinávamos duro e nos divertíamos muito. Aliás, o Ironman, assim como outros esportes, é ótimo para fazer e conservar o tão importante *networking*; ele une as pessoas, que acabam por se conhecer mais a fundo.

Acredito que os atletas se atraem porque compartilham interesses. A maioria dos participantes é formada por adultos em fase de consolidação profissional, com família e filhos para dar atenção, e que precisam de uma válvula de escape para o acúmulo de exigências. No nosso caso, era uma válvula sadia, apesar de meio maluca.

Por incrível que possa parecer a quem não pratica esporte, o esforço que ele requer é a fuga do excesso de demandas da vida; ele acelera a produção das célebres endorfinas, que relaxam e promovem o tão sonhado estado de bem-estar. O grande problema era que estávamos no meio do inverno, e o frio deixa até o mais dedicado dos esportistas com preguiça de acordar para treinar às cinco da manhã, ainda mais se o jantar da noite anterior tiver sido reforçado ou se durou até mais tarde que o normal. Ir ao encontro dos amigos ajudava um pouco na hora de se motivar para sair da cama.

Até completar a inscrição para o Ironman Brasil 2018, eu estava sem um objetivo no esporte, o que me incomodava um pouco. Depois que fiz o registro para a competição de Florianópolis, as coisas começaram a mudar. Antes mesmo de criar coragem de contar para as pessoas, comecei a me preparar psicologicamente para um dos eventos esportivos mais difíceis do planeta. E a primeira etapa foi me convencer de que precisaria deixar para trás o cobertor tão quentinho e a sedução da cama na madrugada e levar os treinos mais a sério. Afinal, a certa altura, percebi que estava começando a ficar bom em dar desculpas para não treinar...

O que leva as pessoas a fazer esse tipo de coisa? Por que eu – e mais um monte de atletas amadores – me forçava a me levantar cedo, mesmo sabendo que depois teria que trabalhar muito, dedicar um tempo para dar atenção à minha família, cuidar das dores físicas do esporte, perder horas de diversão para dormir cedo e começar tudo de novo no dia seguinte? Saber até onde pode ir? Pôr à prova a capacidade de seguir, mesmo com todas as dificuldades? Se superar? Ter sempre uma meta mais dura para atingir? Testar o limite físico e psicológico? Passar por dias difíceis, de sacrifício, pelo prazer da conclusão? Perguntava-me por que eu sentia esse impulso de me esforçar até meu máximo. Acredito que a resposta é que eu precisava de um estímulo mais radical para evitar que, sem uma meta, meu interesse pelo esporte morresse, que a chama do prazer e da aventura se apagasse. A vida nos testa, nos chama de todos os lados. Já havia vivido isso no fim da adolescência, quando o turbilhão de coisas que acontecem no dia a dia de um jovem de 18 anos – começo da faculdade, baladas com os amigos, estágio, namoros – acabou fazendo com que eu deixasse a natação de lado. Não queria que isso acontecesse outra vez.

O Ironman *full*, porém, não era a única coisa a ocupar minha mente naquele momento. A prova mais puxada seria apenas dali a quase um ano, e eu precisava de algo para ocupar minha mente esportiva durante esse meio-tempo. Tinha ainda outra etapa para vencer. Como os treinamentos são parecidos, escolhi completar novamente um meio Ironman, meu já conhecido 70.3. Para manter um ciclo de treinos adequado, decidi participar da competição antes de terminar o ano, já que assim ainda teria quatro meses para voltar à forma e me preparar com calma.

Havia duas provas desse tipo em novembro, uma em Fortaleza e outra em Punta del Este, no Uruguai. Só de antever a possibilidade de voltar a competir, fiquei empolgado e coloquei na cabeça que meu objetivo seria atingir o melhor tempo da vida, o que os esportistas chamam de *personal best*. Resolvi, então, fazer um planejamento detalhado e comparativo entre as duas provas para escolher com segurança. Consultei alguns amigos que competiram nessas cidades, analisei as condições climáticas previstas para o período da prova, apesar da antecedência, e também o relevo dos circuitos de bicicleta e corrida. A altimetria é fundamental na definição da estratégia e da estimativa de tempo de uma prova, pois um percurso cheio de subidas e descidas requer variação de ritmos e uso de certos grupos musculares. Nesse caso, preferi o roteiro mais plano, em que poderia preservar os músculos e ir mais rápido. Essa investigação minuciosa resultou em mais uma cobrança pessoal. Estava me sentindo bem, confiante, e, se as condições de tempo e temperatura estivessem boas, eu faria um tempo "sub 5 horas", ou seja, completaria a prova em menos de cinco horas, marca difícil de ser alcançada em distância para um atleta amador como eu. Rompê-la é um grande feito. Pronto, eu já tinha meu objetivo nítido.

Pesou ainda na escolha qual seria o melhor lugar para levar Thais, minha mulher, de modo que pudéssemos aproveitar o destino para nos divertirmos; afinal, fica sempre melhor unir o útil ao agradável. Além disso, achei que ela ficaria mais feliz se fosse comigo, além de eu poder contar com tal torcida fundamental. Com tudo isso em mente, escolhi Punta del Este, lugar lindo, de fácil acesso e que nunca havíamos visitado juntos.

O percurso uruguaio é um dos mais rápidos do circuito das provas de Ironman 70.3, e a previsão era de que na época da prova teríamos temperaturas agradáveis e nem uma gota de chuva, apesar de a água do mar provavelmente estar um gelo. De qualquer maneira, eram as condições ideais para eu tentar quebrar meu recorde pessoal.

Já tinha tomado todas as decisões; portanto, era hora de finalmente contar para as pessoas envolvidas que eu decidira participar não de um Ironman somente, mas de dois, um 70.3 e um *full*! Fiquei um tempo com o problema na cabeça, analisando como as notícias poderiam ser dadas da maneira mais leve possível. Para isso, resolvi aplicar um pouco do que aprendi nas aulas de Psicologia do primeiro ano da faculdade de Comunicação Social, mais de vinte anos antes: começa contando o que vai deixar a pessoa feliz. Assim, numa noite, durante o jantar, naquela hora em que relaxamos e colocamos o papo em dia, contei para a Thais que iríamos para Punta del Este em novembro. Minha mulher sorriu, mas, como me conhece muito bem, ficou desconfiada: "Por que vamos para Punta?". "E por que justamente em novembro, já que não temos férias planejadas e nos feriados viajamos com as crianças?" Não tinha mais como disfarçar – e eu nem podia esconder; meus recursos de psicologia tinham se esgotado ali, diante dessas perguntas espertas e indiretas. Respirei fundo e resolvi revelar sem mais rodeios: contei que havia me inscrito para o Ironman 70.3, mas logo completei dizendo que poderíamos chegar alguns dias antes e ficar hospedados no tradicional Conrad Hotel para curtirmos de maneira muito especial, só nós dois, um fim de semana gostoso e diferente.

Bingo! Foi a estratégia correta para suavizar um pouco o impacto da notícia. Thais é uma mulher especial e, apesar de já haver passado pela experiência de o marido estar quase 100% do tempo focado no esporte pelas duas vezes em que competi em provas 70.3, e de saber exatamente o que teríamos pela frente com meus treinos, ela ficou feliz. E eu também, claro! No fundo, ela acha bacana que eu cultive esse tipo de *hobby* e sempre me apoiou de forma incondicional. Sente orgulho de o marido ser preocupado com a saúde e sabe quanto é importante para mim ter metas pessoais. Além disso, ela acredita que esse hábito é algo positivo para toda a família, principalmente porque acabo sendo um exemplo para as crianças, já que minha dedicação aos esportes mostra o valor da perseverança e do foco e a importância de levar uma vida equilibrada e ativa a ser seguida por eles.

Respirei aliviado. O primeiro passo – a aprovação familiar para a prova de Punta – eu já havia vencido. Tinha, porém, mais uma confissão a fazer – e essa era bem mais complicada. Sem mais demora, contei logo que, na verdade, a prova de Punta seria apenas um passo rumo a um objetivo maior. O sorriso em seu rosto rapidamente se transformou em uma expressão de desconfiança. "Eu me inscrevi para a prova do Ironman Brasil de Florianópolis, distância *full*, que será em maio de 2018", falei, de supetão. Por alguns instantes, o silêncio dominou a mesa. Tive medo de alguma explosão de fúria, mas, depois de alguns segundos, ela apenas me perguntou se eu estava falando sério. Afinal, sempre havia a possibilidade de ser uma piada e nós dois rirmos do absurdo e brindarmos a palhaçada com uma taça de vinho doce. Mas era verdade, então fiz que sim com a cabeça, baixando os olhos como se estivesse arrependido. *Não quero nem ver o tamanho da bronca*, pensei, certo de que havia me metido em uma grande enrascada. Para minha grata surpresa, porém, a reação foi oposta. "Se é isso que você realmente quer, se você está disposto a se submeter aos treinos e a todas as dificuldades, vamos lá. Eu te ajudo!", ela falou, tranquilamente. E logo emendou sua condição para me dar seu apoio irrestrito – que eu mantivesse minha presença em casa com as crianças e com ela; afinal, ela também trabalha muito e temos uma casa e filhos pequenos para cuidar e amar. Fiquei exultante e assenti, claro, pois o pedido da Thais era o básico para que a família se mantivesse unida e feliz, sem a ausência total do pai.

Nós, atletas, sabemos que a rotina dos treinos pode ser terrível para um relacionamento. Eu, por exemplo, preciso dormir cedo todos os dias, já que às vezes acordo antes das cinco da manhã para treinar. Assim, em geral, quando chego em casa depois do trabalho, estou exausto. De todo modo, inclusive na época dos treinamentos mais pesados, a gente sempre procurou sair pelo menos uma vez por semana, só nos dois, mesmo que fosse apenas para ir à padaria, para conversar sem interferências. No entanto, quando as exigências do esporte são muitas, fica difícil manter até esses tratos, e sei que nessas horas acabo não sendo a melhor das companhias. Esse tipo de coisa é capaz de desequilibrar qualquer relacionamento. Mesmo assim, minha mulher nunca reclamou e sempre me incentivou a continuar.

Vencida a primeira batalha, que eu considerava a mais difícil, faltava informar meus treinadores. Até então, havia contado para eles que meu objetivo naquele momento era o 70.3 de Punta, em novembro. O planejamento para 2018 seria feito depois que essa etapa terminasse, e sabia que eles iriam me considerar completamente maluco.

No fim, acabei contando de maneira bem inusitada. Eram umas cinco e pouco da manhã, e eu estava pedalando na famosa "bolinha" da USP, local de treinos tradicional de ciclistas e triatletas, que fica ao lado da reitoria da universidade, e conversando com meu técnico, Cassio, que, com Mario Sérgio, Silvio e Rafael, liderava as sessões de treinos de ciclismo e corrida na época. De repente, do nada, aviso que havia me inscrito para a prova de Floripa. Acho que estava com aquilo engasgado e não sabia como dizer, então saiu num jato só. Na hora, Cassio não entendeu direito, talvez porque naquele momento um pelotão de atletas passou por nós como se fosse um avião em processo de decolagem. "Floripa?", perguntou depois, meio incrédulo. "Sim, o Iron", retruquei como se não fosse grande coisa. "O *full* do ano que vem…", ele disse para si mesmo, parecendo meio perdido em pensamentos. "É", confirmei, acelerando a bike para fugir da resposta nada agradável que achei que ouviria. Eu matutava que ele ia achar que eu não sabia o que estava fazendo, que não estava preparado para enfrentar uma rotina insana de treinamentos. Que estava queimando etapas. Afinal, nunca havíamos falado sobre o assunto, e eu nunca o havia sequer sondado sobre essa possibilidade.

Para minha grata surpresa, ouvi um "Animal" e depois uma constatação que me empolgou: "Você vai destruir lá". Só que não tive nem tempo de ficar contente antes de ele avisar: "Mas prepare-se porque você vai treinar como nunca treinou na vida. O Iron não é um 70.3. O buraco é *beeem* mais embaixo". Não sabia se deveria me sentir feliz ou me preocupar com minha ousadia, então não disse nada até encostarmos na base da assessoria para nos juntarmos aos demais companheiros e ouvir as instruções sobre o resto do treinamento do dia.

Nem preciso explicar que, a partir daquele dia, todos os treinos e todas as sessões de exercício tinham apenas uma finalidade: me preparar para a grande competição de Florianópolis.

A prova de Punta del Este, meu terceiro 70.3, acabou sendo a melhor de minha vida. As condições do clima se confirmaram muito favoráveis, o percurso era incrível, e consegui fazer meu *personal best*: completei a distância em 4h55, em cinco minutos a menos que o previsto. E mais uma alegria: tive a Thais comigo e conseguimos curtir alguns passeios e jantares juntos.

3. Tem algo errado comigo

Era abril de 2018, e eu havia decidido disputar mais um Ironman 70.3, o quarto deles, já que serviria como parte da preparação para o Ironman Brasil 2018, em Florianópolis, em maio, meu grande objetivo do ano. Cheguei à pequena Haines City, pertinho de Orlando, na Flórida, numa sexta-feira, dois dias antes da realização da prova. Eu tinha uma lembrança muito boa da cidade, e me emocionava estar ali novamente, pois, dois anos antes, o Ironman 70.3 de Haines City havia sido minha primeira experiência nesse tipo de triatlo.

Minha escolha mais uma vez por esse evento, além da cidade que já fazia parte de minha vida de atleta, se devia a uma série de outras boas razões e coincidências, que tornavam minha estada especial. O período de treinamento seria perfeito, já que estaria a seis semanas da meta principal – um tempo adequado para treinos mais específicos e para descansar entre uma prova e outra – e porque precisaria estar em Orlando depois de uma semana desse 70.3, participando de uma convenção mundial da empresa em que trabalho. No entanto, acabei criando mais um motivo para tornar tudo mais perfeito ainda: aproveitei as sincronias e esse intervalo de uma semana de tempo para levar minha família comigo a fim de curtirmos umas pequenas férias entre a competição e a convenção. Era pouco tempo, mas valia a pena. Isso me animou mais ainda, pois seria a primeira vez que teria a torcida das crianças, junto com a Thais, em uma disputa esportiva mais séria. E, para ter tempo de garantir que tudo estivesse pronto para a hora da competição, decidi chegar um dia antes deles à cidade. Eu tinha conseguido juntar tudo de que mais gosto na vida – esporte, trabalho e família – numa viagem só!

Essa prova da Flórida era parte do treino focado no objetivo maior e, apesar de estar bem fisicamente, eu não havia cumprido o tempo de descanso adequado para participar de uma competição daquele porte. A intenção dos treinadores era que eu completasse a distância com o corpo "pesado" e ainda me ressentindo do cansaço natural da fase dura de treinos que vinha enfrentando. Em minha cabeça, estava claro que eu sofreria – mais que o normal – durante as cinco horas que dura esse tipo de Ironman 70.3.

A verdade, que todo atleta que participa de triatlos sabe muito bem, é que o sofrimento acaba sendo intrínseco a uma prova como essa. A resiliência física, aliada à emocional, é o grande desafio dos esportistas. O corpo vai ao limite, e é necessário controlar as emoções para atingir a linha de chegada. Como esse seria meu quarto Iron 70.3, já tinha ideia do que viria pela frente. Por outro lado, começar a prova cansado era novidade para mim. Assim, tinha certeza de que aquele seria um dia longo, muito longo.

No entanto, nada disso me assustava. Como já disse, meus pais sempre demandaram disciplina dos filhos. Talvez por causa disso, e também em função da minha personalidade, acabei criando uma resiliência natural que me ajudou a terminar as provas mais extenuantes. Sempre fui perseverante, sempre treinei muito. Quando meu técnico diz que tenho que fazer alguma coisa, nunca reclamo – vou lá e faço. Se entro numa competição, posso não ganhar, mas me esforço ao máximo para terminar. Lembro-me de, aos 13 ou 14 anos, ter feito uma travessia a nado de 12 quilômetros em uma represa em Igaratá, no interior de São Paulo. A temperatura era de 10 graus Celsius fora da água e 14 dentro. O dia estava escuro, e a represa tinha 60 metros de profundidade (o que, ainda bem, só fiquei sabendo depois). Essas condições seriam assustadoras para boa parte dos adolescentes. Mas eu, com aquela empáfia de todo moleque, entrei na água decidido e, depois de muito esforço, nem sei como, consegui completar a travessia e vencer a hipotermia.

Durante a maratona de Londres, também fui em cima do objetivo, mesmo vencendo momentos difíceis, como correr debaixo de chuva e em uma temperatura de 6 graus Celsius. Cheguei ao local da largada bem agasalhado. No começo da prova, meu corpo aqueceu, então fui tirando os abrigos e dando para as pessoas que assistiam. Isso é costume, e todo corredor doa uma ou outra peça de roupa durante o percurso. Mas, devido à inexperiência, lá pelo quilômetro oito, tirei até as luvas e entreguei para alguém. Logo me arrependi, porque passei os trinta e tantos quilômetros restantes da competição congelando. Mesmo assim, não desisti. Quando terminei, estava endurecido, não conseguia dar nem mais um passo... E com um sorriso no rosto!

Meu primeiro triatlo foi outra prova de força de vontade em completar aquilo que começo. Como já contei, caí da bicicleta – e por burrice, pois decidi limpar os óculos embaçados em pleno movimento. Acabei no chão todo ensanguentado, e a sorte foi que a bicicleta só tinha perdido a correia. Depois que consertaram, voltei para a corrida. Nem pensei em outra opção, pois não podia chegar em casa e dizer para as crianças que não havia conseguido terminar a prova. Afinal, elas estavam esperando a medalha do papai. Quando encontro adversidade, dou um jeito de encarar e chegar ao fim, nunca desisto. Ainda mais no esporte. Acho que enfrentar esses desconfortos nas provas também treina nossa mente para ir em frente sempre, mesmo em outros âmbitos da vida.

> Acredito que a resiliência é um treino, e pelo esporte consegui fazer com que ela fosse parte de todos os aspectos da vida. Isso me valeu muito no enfrentamento da doença. O treino está nas mãos de cada um e pode ser não só pelo esporte, mas por algo a que você se dedique verdadeiramente, sem desistir, sem nunca abrir mão. Ela nos torna bem mais fortes em termos emocionais.

As dificuldades da prova da Flórida não me assustavam. Das três modalidades, a natação sempre foi aquela em que tive mais facilidade, pela prática desde a infância. E, por ser a primeira disputada, costumo ficar entre os primeiros colocados sem grandes dificuldades, poupando-me para o esforço da bicicleta e da corrida, que me exigem bem mais. Nessa prova em Orlando, porém, como meu corpo não estava totalmente descansado, pulei na água com a sensação de já ter pedalado e corrido. Mesmo assim, nadei bem e me mantive no pelotão da frente. Minha surpresa foi que, logo na corrida de acesso da água para a área de transição para pegar a bike, senti câimbras nas duas panturrilhas e fui obrigado a diminuir o ritmo. Isso era novidade para mim, e foi aí que tive consciência de que as mais de quatro horas de prova que ainda tinha pela frente seriam bastante sofridas.

Ciente dessa limitação inesperada, tracei e mantive uma estratégia que achei que me permitiria terminar a prova. Fiz o percurso de bicicleta num ritmo conservador, tentando otimizar meu tempo nas descidas e manter uma boa cadência nas subidas, além de poupar energia no plano. Também cuidei de prestar ainda mais atenção nos momentos de nutrição e hidratação, garantindo, assim, que meu corpo estivesse sempre bem abastecido. Sob todas essas circunstâncias, o tempo em que concluiria a competição deixou de ser prioridade. Eu queria terminar a prova, ponto. Mesmo assim, completei os 90 quilômetros de pedal no intervalo esperado. Eu já estava exausto, mas sabia que ainda precisava garantir o fôlego para encarar meia maratona, e, pior, debaixo de um sol do meio-dia e temperatura de 28 graus Celsius! Seria bem difícil. No momento certo, porém, ganhei um combustível extra. Ao voltar para a área de transição para deixar a bicicleta e colocar o aparato de corrida, me deparei com meus filhos encostados na grade de acesso, bem ao lado dos equipamentos. Quando me viram, eles, que nunca haviam assistido a uma prova, gritaram, superempolgados: "Vai, papai!". Eu estava esgotado, mas, naquela hora, as palavras das crianças e os sorrisos de incentivo se transformaram numa energia mais potente que todos os suplementos que havia tomado até então.

Comecei a correr muito mais animado e consegui manter um ritmo bom, apesar das condições físicas precárias e do clima adverso. O problema é que o percurso tinha uma altimetria muito irregular, com diversas subidas e descidas que prejudicavam. Entre elas, estava a famosa ladeira da 10th Street, cuja inclinação é bastante íngreme e faz com que mesmo os atletas mais bem preparados sejam obrigados a andar para não quebrar. E eu estava entre eles. Só que, quando você está estafado e com dores, como eu de forma surpreendente estava, cansado de nadar quase 2 quilômetros e pedalar por 90, debaixo de um sol escaldante, voltar a correr depois de ter diminuído o ritmo é bastante difícil. O corpo naturalmente se acostuma com o passo mais lento e se nega a devolver a potência necessária para aumentar a velocidade de novo. Eu estava treinado, e minha resiliência me informava que era preciso voltar a correr se quisesse terminar a prova. Com imenso esforço, comecei a trotar e completei os 21 quilômetros em um tempo considerado bom para as condições. Não alcancei meu *personal best*, mas consegui cruzar a linha de chegada e diminuir meu tempo em mais de quinze minutos em relação ao que havia feito nessa mesma prova dois anos antes. Uma vitória e tanto, considerando meu estado físico durante a prova.

No entanto, além da sensação de ter cumprido o que havia me proposto, e ainda com ganho de tempo, a maior felicidade foi que, ao fim dela, aproveitei a alegria do momento com minha mulher e meus filhos. A novidade de ter os três ali me esperando me deu a certeza de que tinha valido a pena. Eles estavam orgulhosos do pai, e eu, mais ainda, por proporcionar aquele sentimento a eles. Hoje acredito que foi a antecipação dessa emoção tão forte que me fez sobreviver por cinco horas às dores e às adversidades. Tinha minha família me esperando ansiosamente na reta final e havia conseguido chegar até ela.

Prova terminada, hora de me refazer e recarregar as baterias. As férias haviam começado e, como sempre acontece quando estamos com as crianças em Orlando, não havia tempo a perder com descanso. A programação da semana já estava pronta: em uma hora deveríamos estar no primeiro parque de diversões. Tive tempo apenas para comer alguma coisa, trocar de roupa, guardar o equipamento, entrar no carro, ligar o Waze e partir. Eu ainda estava ofegante quando chegamos à porta da LegoLand, que, para minha sorte, ficava a apenas uns 20 minutos do local da prova.

Entramos no parque por volta das duas da tarde e, embora fosse um domingo de sol, o local estava vazio. Meus filhos, absurdamente empolgados e sem ter que esperar em filas para montanhas-russas e diversões aquáticas, entravam e saíam dos brinquedos como se fosse o último dia de férias, não o primeiro. Eu, feliz por estar ali e tentando aproveitar a alegria deles, ia atrás. Mas havia algo novo na história: as dores insuportáveis nos músculos das pernas e a enorme vontade de me sentar num banco e ficar lá sem me mexer até o fim do dia. Eu não queria desapontá-los, então fiz o papel de paizão e virei de cabeça para baixo sei lá quantas vezes, além de me molhar inteiro no barquinho de guerra de água. Com toda a folia, nem vimos o tempo passar. Quando nos demos conta, já eram quase sete da noite. E ainda precisávamos viajar de volta para Orlando, que ficava a cerca de uma hora e meia dali, onde havíamos reservado o hotel para a semana. Precisei tirar forças do além para dirigir, enquanto os dois pequenos relaxavam num sono profundo no banco de trás do carro. Foi uma viagem bem difícil, e não me lembrava de tamanha exaustão antes disso.

Chegamos ao hotel por volta das nove horas, fiz o *check-in* e ainda carreguei as malas pesadas até o quarto enquanto Thais fazia musculação carregando uma criança em cada um dos ombros. Depois de um banho demorado, achei que só teria forças para cair na cama e dormir feliz. Mas não foi assim. Desconsiderei o aviso do corpo para me deitar e ficar quieto, sentindo que não podia deixar de lado a fama de "cdf" do esporte, e ainda fui descobrir no prospecto do hotel se havia academia de ginástica. Fiquei feliz ao ver que eles não só tinham uma sala de esportes, como ela poderia fazer inveja às grandes redes do Brasil. Apesar de estar de férias e de ter acabado de concluir um Ironman 70.3, botei na cabeça que precisava cumprir minha planilha de treinos da semana. E, de acordo com meu treinador, eu teria apenas a segunda-feira de descanso.

Qualquer descanso em férias com crianças na Flórida estava descartado. Às sete da manhã do dia seguinte já estávamos todos de pé, naquela loucura para tomar café, preparar as mochilas, passar protetor solar e partir rumo a um dos parques de diversão. Ainda sentindo dores musculares e meio manco, sabia que teria mais um longo dia pela frente, com muita caminhada. Nessa hora, eu me dei conta de que os parques norte-americanos requerem preparo físico aguçado. As distâncias são quilométricas, e é preciso andar muito para cumprir o mapa de atrações. E eu continuava cansado e com dores nas pernas.

Nós, claro, não podíamos deixar de fazer nada. Aproveitamos cada brinquedo e todas as atividades disponíveis. Para poupar meus filhos do esforço das longas caminhadas, e também minhas panturrilhas, aluguei um daqueles carrinhos duplos com pedal. No fim do dia, percebi que havia feito uma sessão de musculação para as pernas que nem a planilha das semanas mais insanas de treino tinha previsto. Isso na segunda-feira de folga da planilha. E ainda teríamos uma semana inteira de parques pela frente!

E, de férias ou não, realmente não havia tempo para muito descanso. Afinal, teria que encarar um Ironman *full* em algumas semanas, e eu vinha me preparando firme para concretizar esse grande sonho. Eu queria me divertir com minha família, mas precisava retomar os treinos, mesmo ainda sentindo as dores musculares da prova de dois dias antes. Obstinado como sempre, logo no dia seguinte, após uma boa noite de sono, me levantei às seis e segui para a academia do hotel. Cheguei antes até dos funcionários que abriam a porta do espaço e logo me instalei em uma esteira com uma boa visão da grande sala de ginástica. Thais, que não é uma esportista ferrenha como eu, gentilmente me acompanhou e cumpriu seu tempo no *transport* – uma espécie de escada rolante para exercício das pernas. As crianças dormiam no quarto, recobrando energias.

Fiquei surpreso com a qualidade do equipamento, pois nunca havia corrido numa máquina tão moderna; no Brasil, normalmente praticava nas ruas e nos parques. Sintonizei a TV em um jogo de futebol americano e iniciei uma sessão de 10 quilômetros. Estava me sentindo tão bem que acabei completando 12, empolgado para saber qual seria o fim da partida. Terminado o exercício, ainda fiz alongamentos e abdominais. Estava cansado e suado, mas voltei para o quarto para começar a saga de mais um dia intenso de diversão com as crianças. A sessão da manhã na academia tinha sido apenas o aquecimento do que viria pela frente.

Essa rotina de treinos na academia, parques de diversão e muita agitação durou a semana inteira, até que chegou o momento de deixar a família no aeroporto e me concentrar no trabalho, pois teria muitas reuniões e eventos pela frente, além dos treinos diários. Olhei a planilha que havia acabado de receber e fiquei pensando em como acomodar todas essas atividades.

No hotel reservado pela firma, tive outra boa surpresa ao conhecer a academia. Também ali era um centro moderno e com equipamentos de qualidade. Tinha até bicicletas de *spinning*, que quebrariam um bom galho para as sessões de ciclismo. Fiquei tranquilo: meus treinos daquela semana estavam garantidos.

No domingo, meu dia de folga do trabalho, resolvi cumprir a sessão diária logo que acordei. Dessa vez, já acostumado com a nova esteira, coloquei um filme para rodar e completei os 15 quilômetros previstos. Alonguei, fiz exercícios de fortalecimento muscular e abdominais e, por fim, estava livre para descansar pelo resto do dia.

Eu havia me divertido imensamente durante a semana em que estive com as crianças, afinal, elas são meu maior estímulo na vida, mas tenho que confessar que foi muito bom não ter mais que perambular por parques infantis, talvez até pelo cansaço que eu sentia quando chegava ao hotel! Eu sabia que essa quebra no ritmo intenso da preparação física para o *full* era importante para renovar as energias. No entanto, algo não estava certo; na hora em que relaxei, percebi que não me sentia tão bem como deveria. Minha garganta estava irritada, comecei a tossir e fiquei rouco. Não dei muita bola para esses sintomas porque, como estava muito calor na cidade e nos ambientes fechados o ar-condicionado é forte, achei que não passavam de uma reação natural do corpo. Além disso, resfriados são comuns quando treinamos em um ritmo forte. Simplesmente deixei de lado e fui tocando a semana entre trabalho e exercícios no hotel, conforme havia planejado.

O problema é que, com o passar do tempo, a intensidade da rotina de trabalho – que chegava a mais de doze horas por dia – e dos exercícios físicos, esses sintomas ficaram mais fortes. Tomei remédios, mas percebi que não vinham resolvendo muito o mal-estar. No fim da semana, estava bastante resfriado. Não era nada que prejudicasse o desempenho profissional, mas sentia que meu corpo precisava de descanso.

Cheguei de volta ao Brasil no sábado pela manhã. Ainda resfriado, mas feliz por reencontrar minha família. Com o *full* cada vez mais próximo, consultei a planilha para ver o que teria de exercícios para o dia. Como era fim de semana, sabia que precisaria encarar uma sessão do que chamamos de "longão". E que longo! Eram 32 quilômetros de corrida com uma hora de bicicleta. Percebi, porém, que não teria condições físicas para realizar esse treino, pois o mal-estar do resfriado não me largava. Apesar de não me sentir apto, coloquei na cabeça que precisaria cumprir o planejado, mesmo que fosse no dia seguinte. Domingo, acordei às cinco horas e fui direto para o Parque do Ibirapuera correr. Apesar de ter tossido algumas vezes, completei a distância em um ritmo bom e voltei para casa me sentindo bem. Ainda deu tempo de tomar um suco de laranja e comprar o café da manhã. Antes de comer, contudo, precisava finalizar aquela hora de bicicleta. Aproveitei o rolo que tenho na sala, adaptei minha bike para funcionar como ergométrica e terminei o treino ao lado dos meus filhos, que brincavam por perto.

Os dias passavam, e eu havia retomado minha rotina normal de trabalho e treinamentos. Mas o resfriado que pegara nos Estados Unidos ainda me incomodava e se recusava a ceder. Apesar dos medicamentos, eu não sentia melhora; pelo contrário, os sintomas ficavam cada vez mais intensos. Mesmo assim, segui obstinado e não diminuí a carga – nem de treinos nem de trabalho. Levei a vida normalmente, acreditando que, ao ignorar que havia algo de errado comigo, o problema desapareceria.

> Comparo o corpo humano a uma máquina que pode apresentar defeitos, alguns fáceis de consertar, outros que podem ser sinal de que algumas das engrenagens precisam de reparo mais intenso e de que é hora de dar ouvidos a isso. Era essa fase de maior atenção e reparos que eu estava atravessando, sem me dar conta.

Assim, mantive a rotina maluca de treinamentos pesados, trabalho intenso e atenção à família. A proximidade da competição naturalmente estava mexendo com meu psicológico, que eu sabia que também precisava estar sob controle para garantir que nada saísse do planejado. Para mim, isso significava antecipar o que poderia acontecer na prova, evitar maiores surpresas. Eu, então, me deitava na cama e acessava no YouTube vídeos dos grandes campeões de Ironman. Além de serem motivacionais, eles ajudam a entender a preparação nos dias que antecedem a prova, o que fazer para descansar e como revisar a nutrição. Meu objetivo era completar a distância, e qualquer orientação ou dica era algo a mais e teria imenso valor. Estava convicto disso.

No entanto, à minha revelia, os problemas físicos continuavam; durante todo esse tempo, meu corpo teimava em não responder da maneira que eu desejava e esperava. Não dava mais para desprezar o fato de que, durante os treinos, sentia fraqueza, como se não estivesse suficientemente preparado ou tivesse me alimentado mal. Com foco total na competição que ocorreria em poucos dias e alheio aos alertas do corpo, revi todo o programa nutricional e de hidratação – e não havia nada de errado com eles. O problema era comigo. Por não entender o que estava acontecendo, a insegurança começou a dominar minha cabeça. Impaciente e preocupado, passei a questionar se realmente tinha cumprido as planilhas de treinos desde o início do ciclo, já que a hipótese de a falha estar em meu organismo não passava em minha mente. Revisei em detalhes o ano anterior até aquele momento e constatei o óbvio: havia completado todos os treinamentos. Nessa hora, bateu a certeza de que tinha algo errado em meu organismo, algo a ser descoberto, tratado e resolvido.

Apesar de todos os questionamentos, achei que era tudo natural numa preparação tão longa e intensa como a feita para o Ironman *full* e segui em frente. Não deixava de realizar um treino sequer. Rodei 150 quilômetros de bicicleta e corri 21 quilômetros em um sábado; no dia seguinte, percorri 34 quilômetros correndo, fiz várias séries longas de transição e nadei muito. Não mudei nada no planejamento, embora sentisse que me recuperar depois desses treinos estava se tornando tão difícil quanto completá-los. Para ver se melhorava meu desempenho e eliminava o mal-estar, busquei ajuda de um fisioterapeuta esportivo, com o simples objetivo de colocar meus músculos no lugar por meio de massagens, alongamentos e movimentos de contorcionismo. Ainda que isso não fosse nada agradável.

Com o tempo e o cansaço físico natural da rotina, aliado ao estresse psicológico de intuir que havia algo errado comigo, fui me desgastando. Procurava manter o otimismo no mais alto nível, mas sabia que, em algum momento, precisaria parar, buscar ajuda e saber o que efetivamente havia com meu corpo. Ao mesmo tempo, tinha receio de ouvir uma notícia que jogasse por água abaixo um plano pessoal que alimentava havia tempos.

Hoje, sei que um dos erros que cometemos é o de não dar atenção aos sinais que o corpo emite quando algo não vai bem, principalmente se isso atrapalha nossos planos. O contrário também pode acontecer: a pessoa se assustar muito diante de qualquer sensação física fora do normal. Os dois extremos não ajudam, e é preciso se acalmar, perceber se os problemas se repetem e se não os estamos sub ou supervalorizando. A mente é poderosa a ponto de nos fazer agir na contramão.

A essa altura, estávamos a apenas três semanas da prova. Com a aproximação, o ritmo de treinos naturalmente começou a diminuir, o que me deu a esperança de que o descanso solucionaria todas as dores e os sintomas ruins. Os dias passaram, mas os incômodos, em vez de sumir, evoluíram para dores de cabeça, cansaço excessivo e calafrios que insistiam em me apavorar. Evitei algumas sessões de natação e ciclismo nos dias mais frios e com vento para me preservar, mas percebi que aquilo de nada adiantava, pois não via nenhum sinal de melhora. A solução para contornar a situação foi tomar vários comprimidos de dipirona e paracetamol para aliviar as dores e voltar a me sentir bem.

Sou de uma família de grandes médicos e tenho o mais profundo respeito por essa profissão, que considero a mais bela do mundo. Eu realmente louvo as pessoas que dedicam a vida a garantir o bem-estar do próximo. Porém, devo confessar que evito a todo custo ir a uma consulta médica. Só visito um hospital ou um consultório quando a situação se torna extrema. Apesar de toda a resistência, porém, esse dia havia chegado. Na sexta-feira da semana anterior ao Ironman, voltei para casa após mais um dia de treinos – ainda que leves – e trabalho e percebi que não estava bem. As dores de cabeça haviam aumentado, os calafrios eram constantes e eu estava tomado por uma indisposição terrível. Tudo isso acompanhado de uma sensação de frio fora do normal. Via meus filhos brincando apenas de camiseta e bermuda, mas não parava de tremer. Resolvi ouvir os conselhos de minha mulher, que insistia que já havia passado da hora de descobrir o que estava acontecendo comigo.

Não havia mais como ignorar. Decisão tomada, liguei para meu irmão mais novo, que, além de ser médico, é a pessoa para quem sempre tive liberdade de dizer o que sentia. Ele vinha me acompanhando nesse meio-tempo, era um de meus maiores incentivadores e sabia que eu iria realizar o Ironman *full* em qualquer condição em que estivesse. Por também ser atleta, entendia como funcionava minha cabeça e saberia a melhor maneira de conduzir a situação. Conversamos e, depois de alguns minutos, ele me convenceu a ir a um pronto-socorro fazer exames. Imediatamente, entrou em contato com o hospital e enviou os pedidos médicos. Eram mais de nove horas da noite quando colhi sangue e urina. Aproveitei e pedi que fosse medicado. Voltei para casa, dormi e ignorei a sessão de treinos do sábado, mesmo estando a apenas uma semana da prova.

No dia seguinte, acordei com as mesmas sensações ruins, acessei os exames e liguei para o meu irmão. Não foi surpresa ver que vários indicadores estavam fora da referência, mostrando que efetivamente havia algo de anormal. Ainda era cedo para saber o quê. Como é comum nesses casos, a medicina aponta como culpada a famosa virose, para tentar encontrar uma causa rápida para os casos em que ainda não é possível descobrir a verdadeira doença. Portanto, para todos os efeitos, eu estava com virose. De qualquer maneira, eu e Thais ficamos preocupados com a possibilidade de eu ter que fazer a competição sem me sentir completamente bem.

Diante desse quadro, meu irmão, também preocupado, sugeriu que eu me consultasse com um especialista. Afinal, ele era o meu maior incentivador e me apoiava em todas as decisões. Como médico, porém, sabia dos riscos que eu teria em participar de um desafio de mais de 220 quilômetros, que demora mais de onze horas para terminar, dentro de apenas uma semana. Cuidadoso, ele me indicou um médico infectologista de sua confiança e agendou um horário para mim na segunda-feira seguinte. Também pediu que eu repetisse os exames a fim de verificar se haveria evolução durante o fim de semana, quando não fiz outra coisa a não ser descansar.

Foram dias difíceis, de muita insegurança, pois eu sabia que estava com algum problema e que, além de enfrentar a prova em si sem condições satisfatórias, encontraria resistência de médicos e familiares. Isso me deixava apreensivo e com uma questão central na cabeça – afinal e acima de tudo, tenho responsabilidades como marido, pai e chefe de família. Imagine como me senti – ter treinado com toda a disciplina e o empenho durante mais de um ano, aguardar esse momento como algo mágico a ser conquistado, sentir durante todo o tempo a expectativa e o apoio de família, treinadores e amigos, e de repente o cenário todo escurecer diante da possibilidade de a competição ser jogada para o ar! Além de estar péssimo fisicamente, senti meu emocional no chão.

Na segunda-feira bem cedo, voltei ao hospital e refiz as coletas de sangue e urina. Depois de me poupar ao máximo nos dois dias anteriores, já me sentia um pouco melhor. E me animei com o fato de os resultados dos exames apontarem uma tendência positiva. Todos os indicadores haviam melhorado em relação aos exames anteriores, o que demonstrava que o descanso talvez resolvesse de vez o problema. Fiquei contente porque ainda tinha a semana inteira para me recuperar. Estávamos a seis dias da competição. Minha animação voltou, apesar de meu físico não estar recuperado da tal virose.

Eu me sentia feliz naquele fim de tarde, após sair do escritório; afinal, o grande dia estava próximo, e eu havia melhorado. Fui ao infectologista e levei comigo os resultados de todos os exames realizados na sexta e naquela manhã. Entrei e comecei a descrever o que estava acontecendo comigo para ele, que já havia recebido um resumo do quadro de meu irmão. Percebi que, apesar disso, ele queria saber o que realmente vinha sentindo e quais eram meus planos.

Durante o relato da saga, cada vez que mencionava as palavras "Ironman", "prova" ou "competição", percebia expressões faciais estranhas do médico. Eram caras e bocas que me davam a sensação de que ele não estava entendendo bem como eu, naquele estado, falava daquele tipo de esforço físico com tanta naturalidade. Passo seguinte: deitei-me na maca para ele me examinar. Ele percorreu meu corpo com as mãos como se buscasse algo que sabia estar em algum lugar, mas que teimava em não aparecer. Até então, eu havia me convencido de que realmente tinha pegado apenas uma "virose". Para me confortar, havia os exames recentes, indicando uma tendência de melhora no quadro. O que eu mais queria naquele instante era que ele me indicasse um medicamento – ideal e mágico – para resolver de uma vez por todas os sintomas, que me deixasse pronto e bem para a prova do domingo seguinte.

O exame prosseguiu, e, quando as mãos do médico chegaram à região abdominal, do lado esquerdo, a ficha caiu. A apalpada me causou dor, e aquelas expressões faciais estranhas do doutor voltaram a tomar conta de seu semblante. Ele continuou apertando várias partes de meu corpo, analisando minhas reações. Depois parou, olhou para mim fixamente, disse que meu baço estava distendido e que isso era extremamente perigoso. Como esse órgão é muito irrigado pelo sangue, qualquer acidente poderia ter um resultado bastante perigoso. Emendou dizendo que não me aconselhava a fazer a prova. Fiquei sem reação. Fui tomado por um sentimento estranho, uma mistura de medo, ansiedade e até raiva. Nunca me passou pela cabeça a mais pálida possibilidade de não participar da competição. Não existia a menor chance de eu me conformar com aquele diagnóstico tão facilmente. Retomei o controle e perguntei se não tinha maneira de fazer meu baço diminuir a tempo do Ironman ou se eu não poderia tomar um remédio que protegesse o órgão por apenas um dia. Incrédulo, o médico simplesmente balançou a cabeça em negativa. O momento foi tenso, o médico estava irredutível e eu, entre pasmo e inconformado.

O silêncio tomou conta da sala e, após alguns minutos, fechei os olhos, respirei fundo e tentei retomar a tranquilidade. Então, discutimos os passos seguintes. Era segunda-feira, e eu só viajaria para Florianópolis na sexta. Havia pouco tempo e, ao perceber que eu não desistiria de maneira nenhuma, o médico decidiu que eu faria novos exames na manhã seguinte, incluindo um ultrassom de baço para determinar quanto ele havia aumentado. Marquei o retorno ao consultório para quinta-feira à tarde, quando já estaria com os resultados.

Apressei-me em realizar a nova batelada de coletas, e os resultados continuavam melhorando. Os níveis se aproximavam da referência, o que consolidava minha ideia de que eu estava finalmente num processo de cura da tal virose. Eu também me sentia mais disposto e confiante com a proximidade da prova, embora ainda tivesse dores de cabeça e um cansaço que reconhecia ser acima do normal, ainda mais para quem estava passando por um período de descanso além do previsto. O ultrassom, no entanto, não trouxe boas notícias. O exame confirmou uma grande distensão do baço. Ao apalpá-lo, o médico havia avaliado que o órgão estava entre 3 e 5 centímetros além do tamanho normal, mas a análise de imagens revelou que já havia crescido entre 5 e 7 centímetros. Ou seja, um tamanho altamente perigoso.

Assim que foi descoberto o inchaço no baço, talvez por uma questão psicológica, comecei a senti-lo e percebi que doía quando eu fazia alguns movimentos. De qualquer maneira, preferi aguardar até quinta-feira para discutir com o médico os passos seguintes.

De terça até quinta-feira, comemorei uma melhora em meu estado geral, o que me animou para começar a reta final de preparação para a viagem. Mais uma vez, chegara o momento de separar e checar todo o material: uniformes e acessórios de competição, compostos nutricionais, equipamentos para a bicicleta, para a natação e para a corrida. Já até havia despachado a bike para Florianópolis. Não podia esquecer nada. Afinal, o Ironman começa bem antes do tiro de largada, pois exige uma logística complexa.

Cheguei ao consultório do médico no fim do dia com certa animação, imaginando que a tal virose estaria cedendo e isso normalizaria meu baço. Porém, no pacote de sustos, aconteceu mais um: estarrecido, assisti, na sala de espera, à cobertura da greve dos caminhoneiros, o que significava que o país estava literalmente parado! Na mesma hora me veio à cabeça que meu voo do dia seguinte para Floripa poderia ser suspenso! Supliquei aos céus para que tudo corresse bem com a viagem; àquela altura, eu não precisava de mais surpresas. Eu só queria viajar, completar a prova, que mais parecia de obstáculos, e realizar meu sonho.

Saí do torpor da notícia quando o médico me chamou e não demorou nem cinco minutos para analisar todos os exames. Experiente, ele sabia os resultados de antemão. Após concluir a leitura do laudo, levantou a cabeça, olhou bem em meus olhos, respirou fundo e perguntou se eu realmente faria a prova. Respondi que sim. Ele retrucou perguntando se havia alguma chance de eu reconsiderar essa decisão. Rebati afirmando que não. Thais já havia perguntado várias vezes se era a melhor decisão, meu irmão também. Minha posição era irredutível: não havia chance de o doutor conseguir que eu mudasse de ideia.

> Há momentos em que uma espécie de obsessão toma as rédeas da vida. Admito que fui tomado por um desses instantes algumas vezes. Em um deles, quando não era seguro ir em frente. Sempre foi difícil, para mim, desistir dos sonhos que se completam na minha cabeça, mas a reflexão posterior me mostrou que há limites para essas tomadas de decisão no limite do perigo e que os riscos envolvidos devem ser avaliados com prudência, o que não aconteceu naquela hora no consultório. Eu não queria, não podia, não ia desistir.

O médico respirou fundo mais uma vez e disse que, por contrariar um conselho médico, eu deveria "prometer" a ele duas coisas: que não sofreria um acidente no percurso de bicicleta, pois, dado o estado do meu baço, um impacto poderia causar complicações terríveis; e que, se eu, em qualquer momento da prova, sentisse fadiga, pararia imediatamente. Eu estava com a respiração suspensa e soltei o ar quando ouvi isso; afinal, podia ser pior, algo do tipo "precisamos interná-lo".

Naquele momento, novamente vivenciei uma mistura de sensações: felicidade pela liberação, mesmo que forçada, e muita apreensão com as palavras do médico. Por um lado, tinha conseguido impor minha vontade e não teria que desistir da competição – o médico havia percebido que eu não arredaria o pé. Por outro, a recomendação em relação a um possível acidente me deixou imensamente preocupado. Cair da bicicleta numa disputa esportiva é considerado normal e, na maioria dos casos, acontece em situações em que não temos controle. Eu inclusive já havia sofrido uma queda boba em meu primeiro triatlo.

Então me veio à mente a criança que, resfriada, insiste no sorvete, mesmo sob o risco de piorar e perder a tão esperada festa de aniversário da amiga. Não sou criança, mas o assumi sozinho e, até aquele momento, acho que não tinha me dado conta do perigo real que estava correndo. De repente, fiquei com medo de algo dar errado, de sofrer uma queda, pequena que fosse! O que poderia me acontecer? Algo grave, como a ruptura do baço, por exemplo? A enorme preocupação me assustou bastante, mas não foi suficiente para me fazer desistir de competir. Acima de tudo, eu amo minha mulher e meus filhos e me considero bastante responsável. Seria extremamente cuidadoso e, se sentisse qualquer problema diferente do normal durante a prova, eu pararia. Com essa certeza na cabeça, eu e Thais viajamos para Florianópolis no dia seguinte.

4. "David, você é um ironman!"

Assim que chegamos à cidade, entrei no clima da prova. Não era para menos – a estrutura montada para apoiar os participantes era incrível e perfeita, e havia uma grande quantidade de atletas ali, todos dividindo os mesmos anseios e propósitos que eu. A energia gerada por toda essa preparação para a competição era quase palpável. Senti muito orgulho de estar no meio deles, contaminado pelo alto astral geral muito positivo.

Sou consciente de que disputar um Ironman *full* não é desafio para qualquer um. Cada uma daquelas pessoas havia feito um grande esforço para estar ali, para viver o momento mágico que antecede a prova, quando a ansiedade e o nervosismo de alguma forma são compartilhados por todos. Eu me senti como meus filhos, dois meses antes, quando chegaram à Disney: eufórico. Apesar de ser um esporte individual e competitivo, para a maioria dos participantes, o simples fato de completar o percurso é tão importante quanto alcançar os primeiros lugares. Por isso, ninguém é adversário de ninguém. Todos se ajudam para conquistar o objetivo de cruzar a linha de chegada.

Fiquei bem animado quando fui retirar o *kit* de competição, com os acessórios obrigatórios: *chip* de cronometragem, touca de natação e adesivos com a numeração para identificação dos materiais e da bicicleta. Também havia tatuagens para colocar no corpo e sacolas para que os atletas deixassem medicamentos e alimentos de que porventura fossem precisar durante os percursos de ciclismo e corrida, além de uma série de brindes dos patrocinadores. Era como uma grande festa que antecede momentos difíceis, na qual a capacidade de superação seria posta à prova. Uma das coisas que sempre me emociona é a solidariedade nesses momentos pré-competição.

Apesar da grande motivação e da alegria de estar ali, minha cabeça teimava em doer, e meu corpo, em alguns momentos, implorava por descanso. Depois de pegar minha bicicleta com a equipe que a transportara de São Paulo, fui pedalando para o hotel a fim de verificar se estava tudo certo e ainda fazer os últimos ajustes. No quarto, resolvi respeitar minhas limitações: deitei-me na cama e fiquei quieto por várias horas. Só sai à noite, para jantar. Mais de uma vez, ao me ver derrubado, Thais me fez jurar que eu pararia se sentisse alguma coisa estranha durante a competição. Além dessa preocupação dela, precisei responder a uma quantidade incontável de mensagens de meus pais e meu irmão perguntando como eu me sentia. Eu só tinha um pensamento: estava feliz, apesar de o corpo não concordar comigo.

Acordei no dia seguinte, o sábado anterior à prova, sentindo-me bem melhor. Tomei um belo café da manhã e aproveitei que o mar estava calmo para fazer um reconhecimento do percurso de natação. Entrei na água ainda um pouco ressentido do mal-estar do dia anterior, mas tudo passou quando comecei a girar os braços e me distanciar da orla. Nadei cerca de 1.500 metros – menos da metade do que faria no dia seguinte – em um ritmo bom e sem sentir nenhum tipo de dor ou problema. Saí da água, deitei-me na areia para esperar que o sol me secasse e aproveitei para me convencer de uma vez por todas de que estava preparado. Imaginei que todos os incômodos que vinha sentindo podiam ser psicológicos, como um temor de não conseguir terminar a prova, por exemplo, e que desapareceriam assim que fosse dada a largada.

Almocei, encontrei o treinador para os últimos ajustes da estratégia da prova e voltei ao hotel para o descanso final. Na conversa, ele disse que eu deveria fazer uma natação conservadora, uma vez que essa era minha modalidade principal e a mais forte. Pediu que eu saísse na frente e me posicionasse logo atrás do primeiro colocado, assim aproveitaria o "vácuo" criado por ele e não desgastaria muito meus músculos. Eu não deveria ficar na frente, ainda que quisesse. Na bicicleta, a ideia era manter um ritmo "agradável" de 30 quilômetros por hora e prestar atenção ao relógio para os momentos de nutrição e hidratação. Deveria comer a cada 40 minutos, pelo menos. E a corrida seria no ritmo do treino, sempre com atenção à hidratação e à postura do corpo. Tudo parecia fácil. Aliás, seria, caso eu não estivesse acometido por "algo" que eu ainda não fazia ideia do que poderia ser e que não me deixava relaxar por completo.

Apesar da animação, precisei tomar um remédio para diminuir a dor de cabeça, que persistia. Para falar a verdade, àquela altura, já havia até me esquecido do problema com o baço. Aproveitei para me esbaldar no delicioso jantar de massas que o pessoal do hotel preparara para os atletas e fui me deitar. Em algumas horas, estaria na largada para a prova definitiva.

No tão aguardado domingo, dia 27 de maio de 2018, dia D, acordei às quatro da manhã, depois de um sono leve e intermitente. Era impossível me desligar de tudo a poucas horas de disputar uma prova com mais de 220 quilômetros, ainda mais com a preocupação das condições de saúde em que me encontrava. O pedido do médico, para não cair da bicicleta e para desistir da prova em caso de estafa muscular, não saía de minha cabeça. Estava focado em seguir as recomendações dele, mas rogando aos céus para não precisar parar. Tomei um café da manhã reforçado com a Thais, revisei todo o material da prova e peguei o transporte do hotel até a área de largada, no canto da praia de Jurerê. Ainda nem havia amanhecido, mas a madrugada clara e de temperatura amena indicava que seria uma manhã de céu azul e muito calor.

Fui um dos primeiros a chegar à praia e tive tempo de fazer um bom alongamento, sentir a temperatura da água e me concentrar um pouco mais para o longo desafio que teria pela frente. Também revisei bem os ajustes dos óculos de natação e cobri o corpo com vaselina para facilitar os movimentos e prevenir possíveis assaduras provocadas pela roupa de borracha. Ainda deu tempo de curtir o raiar do sol, que, como uma grande bola de fogo, subiu pelo horizonte iluminando os mais de 2 mil atletas que participariam da prova naquele domingo. Um espetáculo e tanto!

À medida que o horário da largada se aproximava, a adrenalina ia tomando conta do meu corpo. Queria começar logo a competição, para a qual me preparara por tanto tempo, e desfrutar dela. Àquela altura, não tinha mais dor de cabeça, calafrios, nada. Estava me sentindo 100%. Eu era um atleta amador em busca de um sonho acalentado desde sempre. Chamaram minha categoria, e eu me despedi da Thais com um beijo emocionado, dizendo a ela que não se preocupasse, pois iríamos nos ver no fim do dia na linha de chegada. Eu me posicionei estrategicamente em uma das laterais de forma a evitar a disputa de espaço pelo meio com os adversários e estabelecer uma linha reta até a primeira boia de marcação, já em alto-mar. Sabia que a natação era meu forte e queria me beneficiar disso. Foi a decisão certa. Completei o percurso de 3.800 metros em apenas 58 minutos, marca considerada muito boa para um atleta amador, e fiquei feliz ao ver que minha navegação fora quase perfeita. Ou seja, consegui nadar em linha reta como queria e usei a correnteza a meu favor. Prevenido e organizado que sou, devo isso ao reconhecimento feito no dia anterior, no qual descobri quais seriam as condições ideais e as melhores estratégias para aquele tipo de mar. Também cumpri as orientações do treinador e, apesar de estar no primeiro pelotão, optei por ficar logo atrás de outro bom nadador. Deu tudo certo.

Saí da água me sentindo incrivelmente bem, mas sabia que a prova ainda estava no começo. Pela minha condição de saúde, precisaria poupar o máximo de energia possível para enfrentar os 180 quilômetros de bicicleta e os 42 de corrida. Assim, optei por andar até a área de transição em vez de correr, como faziam os demais atletas. O fato de ter respeitado meu corpo me proporcionou reduzir os batimentos cardíacos e me concentrar em todos os detalhes necessários antes de subir na bike: caprichar na nutrição e na hidratação, ir ao banheiro e checar os equipamentos. Tudo seguia com perfeição.

Completei a transição com bastante calma e acho que isso também deixou Thais mais tranquila. Ao me ver andando, sem desespero, para a área em que estavam as bikes, ela percebeu que não tinha por que se preocupar, pois eu estava me cuidando como prometera a ela. Foram quase nove minutos entre a hora em que saí do mar e o momento em que iniciei a pedalada, e eu me sentia seguro. E, mais importante, esse tempo permitiu que eu me hidratasse e me nutrisse conforme o planejado.

O início do percurso de bicicleta é sempre tranquilo, e em geral precisamos apenas usar uma marcha leve e ir num ritmo mais moderado, de forma a acostumar devagar os músculos com os novos movimentos e verificar se a bike está funcionando bem. Naturalmente, a velocidade vai aumentando até o atleta encontrar o ritmo ideal para o resto do percurso.

Os 180 quilômetros estavam divididos em duas voltas. A altimetria era desafiadora: o caminho cruzava uma serra, onde havia dois trechos com inclinações severas. Portanto, teríamos que pedalar morro acima quatro vezes. Mesmo assim, com o passar do tempo, percebi que conseguia manter um ritmo de pedalada dentro do planejado, em torno dos 30 quilômetros por hora – e me sentindo bem. De vez em quando me vinha à cabeça o conselho do médico para evitar acidentes, mas logo retomava o foco e seguia pedalando. Completei os primeiros 90 quilômetros com o tempo até um pouco melhor que o previsto.

Existe um segredo nesse tipo de prova longa, que funciona como um "autoengano proposital". O truque é quebrar o objetivo principal em pequenas metas para facilitar a superação e para se estimular: ganhar vários pequenos trechos, vários pequenos objetivos, sem se assustar com o fim longínquo. Isso funciona muito bem, pois você comemora cada um deles, não desanima e se sente capaz de cumprir outro e mais outro. No caso, eu me convenci de que precisaria fazer dezoito vezes 10 quilômetros, ou 36 vezes 5 quilômetros, e a cada meta cumprida antevia uma pequena vitória, um estímulo para chegar ao fim. O ser humano cria recursos inimagináveis!

Na segunda volta do percurso, porém, apesar de me sentir bem, não consegui manter a mesma velocidade. Uma rajada de vento tomou conta do caminho todo, sempre no sentido contrário ao dos atletas, prejudicando o desempenho geral. Aquela sensação de fazer um grande esforço para pedalar e perceber que não estava me deslocando como deveria era desesperadora, ainda mais sabendo que faltavam cerca de três horas para terminar o percurso e que eu precisaria fazer muito mais força para manter o ritmo planejado. E depois de tudo isso ainda teria que correr uma maratona...

Resisti por alguns quilômetros pedalando forte, mas, quando me lembrei das minhas condições de saúde, achei mais sensato reduzir a velocidade e chegar inteiro à transição final. Confesso que foi frustrante permanecer em um ritmo abaixo do que gostaria, por fatores externos e pelas limitações de saúde. No entanto, aceitei a realidade que se impunha e não deixei que aquela sensação me abatesse. Eu estava ali para desfrutar da experiência, mesmo que demorasse mais que o planejado. O ritmo, o tempo e a classificação não faziam mais diferença.

A duras penas, completei a segunda volta, com uma média de 26 quilômetros por hora e um tempo total de seis horas e vinte minutos. Pior do que esperava. No entanto, muito mais importante que isso naquele momento era que eu não sofrera nenhum acidente. Estava feliz e tranquilo por saber que meus parentes, que estavam na expectativa de dar tudo certo comigo, também ficariam mais aliviados.

Segui focado em realizar mais uma boa transição. Com calma, entreguei a bicicleta aos voluntários e me dirigi à tenda onde se encontrava minha bolsa de corrida. Prestando atenção em todos os detalhes, troquei a sapatilha pelo tênis, apertei meu cinto de hidratação, coloquei a bandana antissuor e guardei toda a nutrição nos bolsos do macacão. Ainda passei no banheiro para ganhar mais autonomia e na mesa de alimentação para tomar um copo de água e comer meia banana. Quando vi minha mulher acenando e sorrindo, mandei beijos. Estava tudo bem.

Comecei a corrida no ritmo esperado. Estava tranquilo e confiante para passar as horas seguintes curtindo essa experiência incrível que a animação da prova e a descarga de adrenalina proporcionam. Até o quilômetro cinco, achei que tudo estava dentro do normal, apesar do sol a pino que teimava em torrar meu corpo. Mas até isso era tranquilo para quem tinha feito no verão a preparação para a prova. Estava acostumado, pronto para enfrentá-la, e tinha um plano de hidratação bem definido.

Tudo começou a mudar a partir do sexto quilômetro, quando me deparei com uma subida bastante íngreme, capaz de fazer até os atletas profissionais optarem por andar em vez de correr. Já sabia desse desafio e havia até combinado com meu treinador que eu andaria também. Perderia algo como 20 segundos, mas, ao poupar bastante energia na subida, o saldo seria positivo. Diminuí o ritmo, olhei para cima e encarei a ladeira com coragem, a passos largos.

O problema de toda subida, como essa do quilômetro seis, é que ela, em geral, é seguida por uma descida. E, por mais estranho que possa parecer, quando estamos correndo e sem forças, torna-se algo muito difícil de encarar. Segurar a inércia do corpo, que tende a se mover para a frente, gera um impacto forte nas pernas, principalmente nos joelhos, e isso pode causar uma série de danos. Para piorar, na volta pelo mesmo percurso, a descida dessa vez se tornaria subida, e a primeira subida, a bastante íngreme, viraria uma ladeira incrivelmente complexa de descer.

Além de quebrar a distância total em pequenos trechos, usamos, nessas provas mais longas, quando o cansaço se torna enorme, um outro recurso. Lembramos que temos um anjinho e um diabinho dentro da cabeça o tempo todo. O anjinho o anima a superar as dificuldades, fica afirmando no ouvido que você está bem treinado, que vai conseguir, que dá para terminar a prova; já o diabinho cumpre o papel dele: te desanima, sussurra que você está exausto, que não vai dar certo, pergunta o que você está fazendo ali... É um conflito psicológico constante que todo atleta enfrenta em eventos extremos: vale a pena continuar? Ou esse grande esforço no fundo não faz sentido? É mais um desafio, dessa vez o de aprender a administrar esses apelos negativos.

Ao longo de toda a prova, temos fases mais otimistas e mais pessimistas, horas de maior cansaço e horas em que bate aquela explosão de perseverança, que nos dá um choque de ânimo que nos faz ir em frente. A mistura dessas sensações é interessante, e percebo que se repete em outras situações que não só no esporte. Em questões profissionais, por exemplo, às vezes achamos que algo muito bom não tem grandes chances de acontecer, mas depois decidimos ir em frente e encarar o que vier. De qualquer maneira, participar de competições como essa me fizeram perceber que minha índole é otimista. Comigo, o anjinho vai ganhar sempre.

O esporte nos faz viver situações cruciais, reproduz circunstâncias semelhantes àquelas que enfrentamos no cotidiano, em todas as áreas da vida, em tantas situações em que, diante de grandes dificuldades, bate o desânimo, a vontade de jogar tudo para o ar, desistir, dar razão ao diabinho, e fim. O contraponto é colocar a força de vontade a nosso serviço, trazer o foco de volta, lembrar que não foi fácil chegar ali, que foi preciso muito esforço, muita perseverança, muito investimento pessoal, e que é a hora de acreditar no anjinho e seguir em frente. Se prestarmos atenção, esse é um exercício que fazemos o tempo todo. E acredito que administrar esse sentimento no esporte ajuda a dominá-lo também na vida em geral.

A tática que uso, e que já contei anteriormente aqui, é quebrar provas grandes em objetivos menores. Assim, os 42 quilômetros da maratona se tornam duas meias maratonas, e estas, por sua vez, tornam-se quatro provas de 10 quilômetros. *Dez é fácil*, penso. *É uma distância que corro em um dia qualquer*. Vou traçando micro-objetivos para terminar. E funciona muito bem. Na maratona, precisei fazer muito uso dessa estratégia, pois, apesar de tirar de letra a natação e poder relaxar na bike um pouco – deixando-a ir sozinha após pedalar forçado –, com a corrida é diferente. É nela que não tem jeito, não há como contornar – você tem que se movimentar o tempo todo, senão não sai do lugar.

Depois de ter vencido o quilômetro seis, veio a surpresa: não consegui mais recuperar o ritmo anterior da corrida. E, em vários momentos, o diabinho tentava me vencer, dizendo para andar e até mesmo parar. Tive que debater com ele. Ficou evidente que, além do desgaste físico, o peso emocional foi bastante grande. Naquela hora, devido ao fato de ter perdido o ritmo da corrida, somado ao grande cansaço pelas várias horas de exercício de alta resistência e às minhas condições de saúde, fui tomado por uma exaustão da qual não consegui me livrar pelo resto da prova. Por alguma razão, meu corpo parecia ter entendido que a redução brusca de ritmo devia ser um sinal de que o sofrimento havia acabado. Mal sabia ele o que ainda viria pela frente.

Continuei a correr e de repente me dei conta de que ainda estava no quilômetro 11 dos 42 a cumprir. O alento foi que dali para a frente o caminho era todo plano. Segui em frente, mas em um ritmo bem mais lento que aquele com o qual havia começado e muito distante do que havia planejado. Em minha cabeça, porém, já havia perpetuado a ideia de que o resultado final era secundário. Sonhava apenas em cruzar a linha de chegada, a qualquer custo.

À medida que deixava os quilômetros para trás, meu corpo demonstrava cada vez mais sofrimento. Dores que nunca havia sentido antes revelavam meu limite. Ainda assim, tomado pela ideia de chegar ao fim e ciente de que, em uma competição como essa, é fundamental segurar a mente para esquecer os desconfortos e focar o percurso à frente, me dediquei a prestar atenção na maneira como iria me nutrir e hidratar meu corpo – ferramentas básicas para evitar maiores problemas. Aproveitei todas as estações de comida e bebida para me alimentar, me refrescar e engolir sal. Parece estranho, mas o sal é fundamental para manter a temperatura do corpo e evitar a desidratação.

Fiz uso de toda a minha resiliência para seguir, mas, quando estava mais ou menos no quilômetro vinte do percurso, de repente levei um susto gigantesco. Vi a Thais correndo assustada em minha direção. Fiquei preocupado, achando que havia acontecido alguma coisa grave. Ela me perguntou ofegante se estava tudo bem comigo, e eu ainda respondi: "Neste momento eu não estou nada bem, mas vai dar tudo certo". Aí ela se acalmou e me contou que estava tranquila no hotel, até porque tinha me visto bem nas transições e tudo parecia em ordem comigo, quando recebeu um telefonema do meu irmão, que vinha me monitorando por aplicativo desde São Paulo, preocupadíssimo, dizendo que devia ter alguma coisa errada, que eu tinha parado. Ao ouvir isso, ela saiu desesperada do hotel e percorreu boa parte do caminho da maratona me procurando. Entrou em todas as ambulâncias, que ficam sempre cheias de gente em competições como essa, perguntou por mim para todo mundo da organização e até correu com os atletas.

Tudo voltou ao normal quando percebi que, em algum momento da prova, o *chip* que eu levava no tornozelo havia parado de funcionar. Esse *chip* é de uso obrigatório em todos os atletas – e é ele que mostra, por um aplicativo, em que parte da competição cada um está. Thais havia ido comigo à largada, ficou para ver a transição da natação para o ciclismo e depois foi embora para o hotel. Como estava acompanhando meu percurso pelo aplicativo, minha mulher voltou na hora da transição para a corrida. Viu que estava tudo bem e partiu novamente para esperar mais umas quatro horas.

Assim que chegamos à conclusão de que o problema havia sido o *chip*, meu treinador, que estava de bike acompanhando alguns atletas em vários pontos da prova, apareceu. Thais aproveitou para pedir, ou melhor, ordenar que ele me seguisse dali até o fim da prova, sem desgrudar de mim em nenhum momento. E assim foi: ele ficou comigo até a chegada e, durante todo o percurso, mandou mensagens para minha mulher confirmando que estava tudo bem. Hoje, ao me lembrar da situação, imagino o desespero dela quando meu irmão ligou ansioso.

Um pouco antes desse susto, depois de mais ou menos duas horas correndo, recebi a grata e providencial companhia de um parceiro de equipe. Ele, que já havia feito essa prova outras vezes e é bem mais experiente do que eu, também estava em situação precária e lutava contra as dificuldades para levar o corpo à linha de chegada. Optamos por unir forças e seguir correndo lado a lado. Confesso que, sem ele, dificilmente teria concluído a distância. De repente, engatamos uma conversa sobre temas alheios ao esporte, ao triatlo ou ao Ironman. Falamos de trabalho, família e outras amenidades. Quando nos demos conta, já havíamos corrido mais uns 2 ou 3 quilômetros e nos propusemos a seguir juntos até o fim. Enquanto isso, o treinador nos ajudava durante o trajeto com palavras de motivação e orientações específicas para nosso estado físico, já bastante deteriorado. E assim fomos vencendo cada quilômetro. Precisei fazer apenas uma pequena parada na área médica para aplicar um spray de cânfora em um dos joelhos, pois doía tanto que achei que, em algum momento, romperia.

> Penso sempre que ter tido a companhia de outro atleta foi fundamental, pois diminuiu meu sofrimento e me deu ânimo para continuar. A presença daquele homem "distraiu" minha mente e me levou a seguir, a superar as dores e as más condições físicas. Nós nos apoiamos, nos estimulamos inconscientemente. A solidariedade nos moveu.

Minha cara de sofrimento e as dores insuportáveis em todo o corpo só foram substituídas pela sensação única de prazer, euforia e gratidão quando percebi que entrava na avenida Búzios, local de concentração do público que acompanhava a prova. Faltavam apenas 2 quilômetros para o fim. Já era noite, mas a vibração dos espectadores e o incentivo que nos davam eram tão grandes que queria continuar ali somente para sentir aquela energia extremamente contagiante.

Não consegui segurar as lágrimas de emoção quando me aproximei da linha de chegada, levantei os braços e concluí a prova sob o grito do locutor dizendo: "David, você é um ironman". Era a realização de um grande sonho, e eu tinha consciência de quanto havia sido difícil, mas maravilhoso, ouvir essas palavras!

Não tenho como descrever o que senti naquele momento. Foi um misto de felicidade, de sensação de cumprir um dever firmado comigo mesmo, de ter feito uma conquista imensa e merecer aquela satisfação absurda. Foi o sentimento mais intenso de minha vida, que me encheu de um orgulho muito pessoal – eu havia conseguido, e a vitória era toda minha. Dias depois, mesmo não me sentindo bem fisicamente, eu ainda me pegava com aquela sensação maravilhosa.

Nessa hora de tanta emoção, agradeci o carinho e a contribuição de todo mundo que, de alguma forma, me acompanhara e apoiara nessa jornada. Nem eu mesmo sabia que contava com esse tipo de perseverança dentro de mim, mas tenho certeza de que a ajuda das pessoas com quem convivo foi fundamental. Quando encontrei a Thais, nos abraçamos e choramos juntos, tamanha a felicidade por minha conquista. Depois, liguei para meu irmão, que estava tenso em São Paulo, preocupado com minha saúde, para meus pais e para meu técnico principal, Mario Sérgio Silva, que não tinha viajado para Florianópolis, e contei como havia sido a prova.

Minha corrida terminou mais ou menos às 19h30, e eu e a Thais ainda andamos uns 2 quilômetros até o hotel, porque as ruas estavam interditadas pela competição. Depois de um bom banho, parecia que as dores e as sensações ruins haviam passado. Felizes, saímos para jantar em uma pizzaria, lotada de atletas. Lá, descansando na varanda, vi que ainda havia muita gente correndo e senti um alívio enorme. Naquele ponto em que estávamos, faltavam uns 10 quilômetros para aqueles guerreiros alcançarem a linha de chegada.

Passada toda a epopeia e a euforia pela conquista, e apesar de ter o corpo quebrado, a mente estava incrivelmente feliz; voltei a São Paulo no dia seguinte e logo retomei a rotina de trabalho. Como já disse, sou um otimista e, por isso, tinha a sensação e a confiança de que, assim que a prova acabasse, voltaria aos poucos a ficar bem. A ideia era retomar a vida normal, como antes de começar a me preparar para participar do Ironman. Afinal, já tinha dedicado muito tempo aos esportes; agora pretendia ficar mais com minha família e focado no trabalho.

Claro que, com meu perfil, depois que se passaram uns dias, a vontade de voltar a fazer exercícios começou a tomar conta de minha mente. Hesitei, no início, mas não resisti e, depois de algumas manhãs, estava de volta à esteira. A cada sessão, porém, sentia incômodos e o cansaço muscular da prova. Meu otimismo, no entanto, não foi suficiente para que eu me recobrasse. Depois que a adrenalina da competição se foi, as dores de cabeça e os calafrios voltaram. No começo, esses sintomas eram leves e bastante espaçados, e pensei que não passavam de um reflexo do imenso desgaste que os treinos, e principalmente a competição, haviam causado em meu corpo. Achei que desapareceriam com o tempo, então nem pensei em voltar ao médico.

O drama foi que, ao contrário do que eu esperava, os sintomas ficavam mais frequentes e mais fortes, e eu comecei a perder peso. Quando me dei conta, já haviam se passado duas semanas desde a prova de Florianópolis, e me convenci que essas reações não eram normais. Mesmo assim, tentei esquecer o mal-estar e seguir com a vida. Até que, na fatídica quarta-feira, dia 13 de junho de 2018, fui obrigado a admitir um problema mais sério. Desde a segunda-feira, meu estado geral já havia se deteriorado muito. Precisei ir a Belo Horizonte a trabalho e percebi que, em alguns momentos, mal conseguia me manter de pé. Estava com febre e ainda tinha calafrios constantes. As dores de cabeça começaram a se tornar insuportáveis, e eu não tinha disposição para comer nada. Estava perdendo cada vez mais peso e ficando fraco. Os remédios que tomava não pareciam fazer efeito.

Na terça-feira era Dia dos Namorados, e eu havia combinado de jantar com a Thais. Só que, depois de um dia de trabalho puxado, meu quadro se agravou bastante. Tive várias reuniões fora do escritório e passei o dia inteiro indo de um lugar para outro. No fim da tarde, já em casa, estava ardendo em febre, com calafrios intensos e constantes. Tomei mais um remédio, entrei em um banho frio para tentar diminuir a temperatura e me deitei. Horas depois, acordei molhado de suor. Era um efeito da medicação, mas me pareceu sintoma de algo mais grave.

Acordei na quarta-feira cedo, e a casa seguia seu ritmo normal: as crianças preparavam as mochilas da escola com a ajuda da babá, e a Thais tomava banho para ir trabalhar. Fui até a cozinha e comi uma banana. Dessa vez, porém, a fruta não me caiu bem, pois imediatamente senti forte vontade de vomitar. Corri para o banheiro do meu quarto, mas quando, cambaleante, alcancei a porta, a vontade de vomitar já se confundia com uma fraqueza que percorria meu corpo todo. Abri a porta com muito esforço e só me lembro de ter dito para minha esposa que ia desmaiar.

Quase dois minutos depois, abri os olhos e só enxerguei o teto do quarto. Virei a cabeça e vi meus filhos, assustados, me encarando sem entender muito bem o que havia acontecido. Com um corte profundo na testa, minha cabeça estava apoiada nas pernas da babá, que tinha se agachado para me segurar após o tombo. Vi o chão do quarto todo manchado de sangue, bem como meu pijama e os lenços que ela e Thais tinham passado na minha cabeça para estancar o sangramento. Ainda zonzo, ouvi a voz de minha esposa ao telefone com meu pai e meu irmão, relatando o ocorrido e pedindo orientações. Levei um tempo para recobrar a consciência e conseguir me levantar, antes de me contarem que eu tinha caído. A orientação que minha mulher recebeu era de que eu devia ir para o hospital imediatamente. Ela até cogitou chamar uma ambulância, mas, naquele momento, eu já estava de pé trocando o pijama por uma roupa limpa.

Durante o trajeto curto de casa até o hospital, meu irmão já havia informado seus colegas plantonistas de que estávamos chegando, e eles me esperaram no setor de emergências. Logo dois enfermeiros me tiraram do carro, sentaram-me em uma cadeira de rodas e me levaram para dentro, onde uma maca me aguardava. Nem bem me deitei, eles se ocuparam em espetar meus braços com agulhas para me conectar a bolsas de soro e retirar sangue de minhas veias. O passo seguinte foi fazer uma tomografia de cabeça, pois o impacto da queda brusca e frontal diretamente contra o piso duro do quarto podia ter ocasionado danos maiores ao crânio. Já com os resultados dos exames de sangue, que apontavam estar tudo alterado, os médicos, ao saberem dos sintomas nos dias anteriores, optaram por ampliar a captura de imagens para as regiões da garganta, do tórax e do abdômen.

O resultado da tomografia na cabeça foi bastante positivo. Não havia traumatismo nem qualquer problema causado pelo choque violento. Fiquei feliz e confiante de que bastaria tomar alguns pontos para fechar o corte da testa e de que com os remédios certos tudo se resolveria de uma vez por todas. Queria sair do hospital o mais depressa possível. Afinal, nunca havia sido internado.

Logo depois que o cirurgião plástico concluiu seu trabalho para esconder uma possível cicatriz, o médico plantonista, um cardiologista amigo do meu irmão, avisou que eu não voltaria para casa por um tempo. Retruquei dizendo que não tinha nada e que a cabeça já estava resolvida. Mas ele me informou de que o problema não era a cabeça. Eu precisaria tratar outras coisas, já que haviam visto imagens fora de padrão na tomografia, especificamente na garganta e no abdômen. Para isso, seria necessária a avaliação de um hematologista.

Horas depois, com a testa suturada, a cabeça enfaixada e monitorizado, eu estava instalado num quarto grande, com um sofá, uma poltrona e uma televisão de plasma de 42 polegadas, na ala cardíaca do hospital. No meio da tarde, estávamos eu, minha mulher, minha mãe, meu pai e o cardiologista que havia me atendido logo cedo conversando e aguardando a chegada do hematologista. Eu me sentia relativamente tranquilo. Para mim, o pior já havia passado e, apesar da necessidade de um especialista, estava confiante de que seria algo a tratar de maneira relativamente simples. Por isso, a conversa naquele momento era sobre uma viagem a trabalho que teria que fazer em alguns dias.

Sem bater na porta, um homem atarracado, meio grisalho, com o semblante fechado e trajando um jaleco interrompeu a conversa e apresentou-se como o hematologista de plantão. Calmamente, ele se sentou na poltrona. Eu me ajeitei na cama para ouvir as notícias. Bastante econômico nas palavras e sem demonstrar nenhum tipo de emoção ou consideração com o momento, o médico ignorou as outras pessoas presentes no quarto, olhou para mim e disparou: "David, analisei seus exames e você está com câncer. Esse câncer está localizado no abdômen, no baço e no pescoço. Vamos ter que fazer mais exames para identificar o tipo e começar o tratamento".

Atônito e paralisado, consegui apenas olhar para meus familiares. Vi Thais começando a chorar em um canto do quarto. Minha mãe, também às lágrimas, estava ao lado dela. E meu pai olhava para o vazio, certamente sem ver nada. Aquelas palavras haviam soado para mim como uma sentença de morte. Em poucos segundos, pensei em meus filhos, meus sonhos, minhas alegrias. Meu corpo foi tomado por uma fraqueza repentina, e eu avisei que iria desmaiar. Apaguei.

Dessa vez, a síncope foi bem mais grave. Meu coração simplesmente parou de funcionar. Foram onze segundos sem sinais vitais. Fui salvo por meu pai, que é cardiologista e que com grande presença de espírito iniciou o processo de massagem cardíaca até que eu retomasse a pulsação e a consciência. Ao acordar, a primeira cena que vi foram médicos e enfermeiros ao lado da cama trabalhando para garantir minha estabilização. Enquanto um profissional iniciava o eletrocardiograma, o outro instalava um marca-passo em meu peito como prevenção. O problema hematológico havia se tornado também cardíaco! Meu coração, no entanto, sempre foi muito saudável, até porque sou um atleta de alta resistência. O que aconteceu ali foi um trauma psicológico que gerou a parada. Para os médicos, no entanto, isso pouco importava; eu precisava ficar em observação, monitorado e na UTI!

A sorte foi que meu pai coordenou a equipe responsável pela reanimação e estabilização e demonstrou experiência e frieza profissional, necessárias para resolver a situação, apesar do baque emocional pelo fato de o paciente ser o próprio filho.

Assim que tive o ataque, o hematologista, que não teve o menor cuidado ao dar uma notícia tão difícil e assustadora a um paciente e a seus familiares, simplesmente sumiu pelos corredores do hospital, de certo assustado com o problema que havia provocado. E ele nunca mais apareceu, já que minha mãe e Thais trataram de garantir que ele saísse rapidinho do quarto.

A insensibilidade e a falta de trato psicológico, infelizmente, não terminaram por aí. Durante minha estada na UTI, precisei fazer um procedimento para retirada de liquor da medula óssea e tomei anestesia geral. Naquela hora difícil, de aflição, em que eu carregava o diagnóstico que havia me tirado subitamente os sonhos, a anestesista, bastante extrovertida e sem cuidado, viu que eu tinha uma tatuagem com o símbolo do Ironman em uma das panturrilhas e foi logo perguntando: "Você é mesmo atleta de triatlo?". Minha mãe e minha esposa, que me acompanhavam, confirmaram. A anestesista, completamente insensível e descuidada, afirmou que era uma grande coincidência, porque dois dias antes ela havia atendido outro "ironman" da minha idade. "Infelizmente", prosseguiu ela, "o moço não resistiu ao tratamento e faleceu!". Ainda bem que neste momento eu já estava sob o efeito da anestesia e pouco pude fazer, mas, assim que foi possível, minha mãe e Thais, indignadas, colocaram a médica para fora dali!

Quando voltamos ao quarto, já acordado, recebi a visita de outra equipe de hematologistas, liderada por um colega do meu pai de muitos anos, o dr. Nelson Hamerschlak, que assumiu meu caso. Eles haviam confirmado que as imagens da tomografia apontavam indícios de alteração em minhas células, mas, para ter certeza do diagnóstico, eu precisaria passar por um exame chamado PET-CT. É uma espécie de ressonância magnética com tomografia, que basicamente faz um grande raio X do corpo buscando pontos doentes. Tratava-se do exame mais avançado para a localização de cânceres.

Horas depois de fazer o PET-CT, os resultados apontaram que eu sofria de linfoma, um tipo de câncer que afeta os linfócitos, células responsáveis por proteger o organismo de infecções e doenças. Dessa vez, porém, a notícia me foi dada de maneira bem mais humana, com o Dr. Nelson sentado a meu lado no sofá do quarto, garantindo que a medicina de hoje está evoluída e que os índices de cura para essa doença são de 99%. Ele me deu mais uma injeção de ânimo, ao dizer que pessoalmente não admitiria nada além da cura para meu caso. Apesar do choque com a confirmação, na hora tive a certeza de que tudo terminaria bem. Com a ajuda daquele anjinho que vive em minha cabeça, a sentença de morte do dia anterior havia se transformado em mais uma grande batalha a superar.

> Eu tinha consciência de que travaria uma guerra contra a doença e precisaria colocar minha mente a serviço de minha recuperação. No processo, a forma sensível, humana e animadora com que fui tratado pelo novo médico fez enorme diferença. Quando me lembro desse momento, tenho certeza de que uma palavra de apoio, no tom correto, em horas de insegurança, ajuda a derrubar uma montanha de desespero e inquietação. E custa tão pouco...

Aprendi muito sobre a doença, descobri que os linfomas podem ser de dois tipos e vários subtipos. Há tratamentos específicos para cada um deles, e os médicos precisaram fazer uma biópsia do linfonodo para estabelecer o melhor caminho a seguir. Passei por uma cirurgia no pescoço.

Para não perder ainda mais tempo, mesmo sem os resultados da biópsia, a equipe começou um tratamento intensivo com antibióticos, cortisona e outros medicamentos. A intenção era reduzir o tamanho do baço, que naquele momento estava ainda mais aumentado, e controlar a proliferação da doença. Foram cinco dias tomando um verdadeiro arsenal de remédios, que se mostraram bem eficazes. De certa forma, eu já estava me sentindo normal, com os níveis do sangue mais controlados e o baço reduzido, quase nas dimensões consideradas normais.

Ao mesmo tempo, lá estava eu me preparando para enfrentar mais um grande desafio. Sabia que seria difícil e que precisaria, mais que nunca, de toda a minha resiliência e toda a minha capacidade emocional para resistir. Seriam meses de dor, angústia, altos e baixos, até alcançar a cura. Algo que, ponderei, não era tão novidade assim para mim, já que meses antes havia passado por emoções divididas no duro treinamento para o Ironman. Só que agora o que estava em jogo não era alcançar a chegada, mas a vida! E não havia espaço para erro nem desistência.

Penso novamente no tanto que o otimismo é importante, principalmente em momentos difíceis. Com ele, criamos um ambiente positivo para nós mesmos e para aqueles que nos rodeiam. Minha sorte é que sou otimista por natureza. No entanto, hoje acredito que, numa hora como essa, mesmo pessimistas, podemos dar muito mais ouvidos ao anjinho que ao diabinho, como durante uma competição. Afinal, a busca pela cura é um tipo de prova.

Cinco dias depois da biópsia, chegaram os resultados finais. Tratava-se do linfoma não Hodgkin difuso de grandes células B, um tipo agressivo, presente – em grau acentuado – no baço, na cervical, no hilo hepático, na escápula direita e na asa sacral. Como era agressivo, o tratamento deveria ser igualmente agressivo, para que a resposta fosse mais eficiente. E o protocolo médico nesse tipo de doença consiste em ciclos de quimioterapia ininterruptos.

No caso, os médicos determinaram seis ciclos, com cinco dias de infusão constante de quimioterápicos internado no hospital, com quinze dias de descanso entre eles. E a indicação era de que eu começasse imediatamente.

5. O primeiro ciclo e a criação do projeto #ThisIsAMission

No dia 20 de junho de 2018, logo pela manhã, comecei a me preparar para o primeiro ciclo do tratamento. Não tinha dúvida de que, depois daquele "pequeno contratempo", eu voltaria a contar com uma saúde normal e conseguiria retomar minha vida pessoal e profissional de antes.

Assim, por um catéter sob a pele do lado direito de meu peito, os médicos iniciaram a infusão de um coquetel de medicamentos, a temida quimioterapia. Fiquei muito apreensivo, porque sabia que os remédios eram bem fortes e eu não tinha a menor ideia de como meu corpo reagiria a eles. Como a gente ouve falar muito, e a toda hora cai em nossas mãos algo sobre câncer, eu esperava alguma resposta imediata ao tratamento. Além disso, ainda estava bastante debilitado por causa dos sintomas da doença, e era preciso tomar todo o cuidado para que as reações naturais aos remédios não se tornassem ainda mais prejudiciais a meu organismo. Fui tomado por uma ansiedade normal, pela antecipação do que estaria por vir, pois hoje o assunto quimioterapia está muito em pauta, aberto.

O coquetel é composto de várias drogas, que variam a cada caso. No meu, elas iam desde as que matam os linfócitos doentes até aquelas que bloqueiam a reprodução das células cancerígenas. A infusão de todas juntas durou 96 horas, antes de entrar em cena mais um medicamento, por uma hora, para reforçar a ação contra a reprodução das células cancerosas. Esse último é acompanhado por outro, com função de prevenir um dos efeitos colaterais dessa químio: a perda de sangue pela urina. Além disso, a indicação era ingerir litros de água e isotônico, aumentando tremendamente o fluxo urinário.

Além da químio, e para equilibrar os efeitos poderosos dela, precisei de outros medicamentos também bastante fortes, por via oral. Logo no primeiro ciclo de tratamento, eu me vi imerso em uma rotina insana de ingestão de comprimidos. Começava antes mesmo de amanhecer com um protetor gástrico, em seguida dois antibióticos e, o mais desagradável, doze comprimidos diários de cortisona. Essas pílulas, sozinhas, por seu gosto incrivelmente amargo e pelo estrago que faziam ao paladar, pareciam-me piores que todo o tratamento em si até aqui.

Os primeiros dias foram muito difíceis, porque bate um medo enorme do desconhecido. Não sabia como era a quimioterapia, mas esperava algo agressivo ao extremo, já que as doses de medicação são fortes e o tratamento é constante e longo. No entanto, apesar de estar a todo tempo apreensivo, esperando sentir alguma coisa, as horas foram passando e eu não percebi nenhuma das reações esperadas. Pelo contrário, estava me sentindo muito bem. Não tinha mal-estar, comia bastante e, consciente de que mente desocupada corre célere para o pior, mantive várias de minhas atividades profissionais, mesmo preso no quarto do hospital. Apesar de algumas restrições médicas, passei a trabalhar pelo computador e a escrever sobre o que estava se passando comigo, texto que serviu de base para este livro.

> "Viver um dia de cada vez" é um lugar-comum, mas bastante útil quando você sabe que podem acontecer coisas desagradáveis, como os efeitos colaterais de um tratamento tão forte. A pior conselheira nessa hora é a ansiedade, que, junto com o medo do desconhecido, nos faz ficar alertas o tempo todo naquilo que "pode acontecer", sem saber exatamente o que é. Acabamos nos assustando e criando situações piores que a própria realidade. Evitar gasto de energia à toa nessas horas é fundamental, e a mente pode ser sempre distraída. É necessário ter muita atenção para não cair em armadilhas, além de um tanto de relaxamento. É difícil, mas possível.

Naquele primeiro ciclo de tratamento, eu me convenci de que, mesmo que meu corpo começasse a sentir os efeitos da quimioterapia, tudo ficaria bem. Além de não passar mal, a atenção que recebi, tanto de pessoas queridas e próximas como de gente que nunca pensei que poderia se lembrar de mim nem muito menos me mandar palavras solidárias, deixou-me imensamente feliz.

Para mim, estava certo e claro que eu tornaria possível a transformação de uma sentença de morte em uma declaração de vida. Eu queria, e iria, converter uma coisa horrível e violenta em algo positivo. E, refletindo sobre qual teria sido o gatilho para essa minha determinação, me vem à mente a atitude do dr. Nelson após o fatídico dia, quando ele colocou a mão em meu ombro e disse: "Tenho um filho da sua idade. Eu te conheço desde pequeno e sei que você vai sair daqui curado. É um compromisso que eu estou fazendo com você. Não temos outra opção além da cura. Só que você vai ter que fazer exatamente aquilo que a gente determinar. Será como um Ironman que iremos terminar juntos". Foi nessa hora que percebi não haver a menor possibilidade de me fazer de vítima. Ali eu já sabia que o caminho seria longo, que ia doer, que eu ia sentir um tremendo mal-estar em vários momentos. Fora a reflexão natural de quem recebe um diagnóstico como esse: será que estarei aqui em seis meses, um ano? Era tudo muito pesado, mas, após essa injeção de ânimo vinda do responsável principal por meu tratamento, resolvi encarar a situação como se estivesse em uma competição difícil – sem deixar de ser humano; afinal, me dei conta de que sou um ironman, mas não sou de ferro.

Além do carinho, uma coisa que me ajudou incrivelmente a manter a cabeça focada em pensamentos positivos foi uma ideia de meu chefe à época, Daniel Schleiniger – ou Dan, como o chamo. Apesar de brasileiro, morava havia anos nos Estados Unidos. Com a minha doença, ele aumentou bastante sua frequência de visitas ao Brasil, pois precisava assumir o departamento que eu liderava, uma vez que eu teria que me ausentar para me concentrar no combate à doença. No processo, o que me comoveu, e muito, foi como ele ficou sensibilizado com minha situação, a ponto de permanecer sempre por perto. Durante sua estada no Brasil, Dan ficou mais no hospital que no escritório! Em uma de suas visitas, com os olhos marejados e tentando encontrar maneira de superar aquele baque de me ver ali preso por cabos e rodeado de enfermeiros, teve um estalo e, do nada, inventou o projeto #IronMan2019 #ThisIsAMission, que estabelecia um trato entre nós dois: eu me reestabeleceria por completo para que pudéssemos realizar um Ironman 70.3 juntos. A façanha seria em algum momento de 2019. Tempos depois, acabamos escolhendo o Ironman 70.3 de junho de 2019, em Cambridge, no estado de Maryland, vizinho a onde ele mora.

O projeto #IronMan2019 #ThisIsAMission deveria sensibilizar outros amigos e familiares que eventualmente quisessem participar conosco da prova ou simplesmente enviar boas energias naquele momento em que eu tanto precisava. Para isso, Dan mandou confeccionar pulseirinhas de borracha, que passaram a ser objeto de desejo entre os conhecidos. A única condição para receber uma seria tirar uma *selfie* e postar nas redes sociais com a hashtag #ThisIsAMission.

> A corrente de solidariedade e apoio foi tão forte que as pessoas que participaram jamais chegaram a imaginar quanto me beneficiaram – só posso dizer que foi intenso. Era como se eu estivesse para pular de um trapézio, mas sabendo que tinha uma rede embaixo para me receber e segurar. Ganhei coragem e consolidei minha percepção de que eu sairia bem dessa prova, cruzaria a chegada e ganharia um troféu – minha vida como ela era de volta.
> O projeto #ThisIsAMission funcionou, para mim, como um estímulo, um projeto já sacramentado. Era só correr atrás. Quando tive medo – e, sim, esse sentimento nos visita muitas vezes, principalmente quando estamos sozinhos e questionamos se conseguiremos vencer –, senti na pele quão fundamental é ter planos. Em nenhum momento desde que soube do câncer deixei de planejar o que eu queria e pensar nas etapas para alcançar meu objetivo: no esporte, no trabalho, no âmbito familiar. Quando se está doente, visualizar o futuro estando saudável auxilia a construir a trajetória.

Apesar da exposição derivada do projeto, preferi não sair contando para muitas pessoas que eu estava doente; mas a notícia naturalmente se espalhou. Minha ausência nos treinos, no escritório e nos encontros profissionais gerava questionamentos. Então, eu passava horas no celular respondendo a mensagens de força e energia positiva que chegavam ao WhatsApp. Muita gente dizia que eu iria ficar bom logo, porque doença não combina com meu perfil, já que sempre fui muito ativo e saudável. Jamais imaginei a força e o incentivo que essas mensagens me dariam para enfrentar o tratamento.

Outro motivo pelo qual encarei a internação de maneira mais positiva foi que nunca me senti sozinho entre as quatro paredes do quarto hospitalar. Sempre havia alguém me fazendo companhia: familiares, amigos ou colegas que dedicavam parte de seu tempo para estar ali, torcendo para que tudo de ruim acabasse logo.

Às vezes, a vida corrida faz com que a gente deixe passar oportunidades de mostrar às pessoas quanto elas são importantes, quanto nossa simples presença pode alegrá-las. Percebi isso quando me dei conta de que, sempre que estava internado, meu amigo e colega de trabalho Boris Gris me ligava diariamente para saber como eu estava me sentindo – ele também me visitava todos os fins de semana. Sempre bem-humorado, Boris trazia chocolates (que adoro) para alegrar meu dia e muitas vezes contrabandeava para o quarto um café espresso, de que eu tanto precisava.

Depois de minha mãe, meu pai e Thais, foi Boris quem passou mais tempo comigo no hospital e quem me fez ver que existem pessoas cujo coração é maior que o peito e que ajudam a tornar mais leve qualquer desafio com piadas e histórias divertidas. Quando ele se juntava aos demais amigos – Luiz Marcelo Correa, Edwin Calvert e Paulo Camargo –, o setor da hematologia do hospital mais parecia a arquibancada de um estádio de futebol ou a mesa de um bar. Era muito divertido. Até competição de arco e flecha fizemos no quarto. Os enfermeiros não acreditavam quando abriam a porta, e as risadas corriam soltas.

A rotina de minha família mudou enquanto estive internado, pois eles estavam sempre no hospital. Thais é executiva, possui uma agenda bastante agitada e costuma ficar ocupada até tarde. É comum chegar em casa às dez da noite, após reuniões. No entanto, como a gente mora perto do hospital em que fiz o tratamento, ela passava lá todas as noites para me dar um beijo, mesmo que eu já estivesse quase adormecido. Sempre queria ficar e dormir comigo, mas eu não deixava, porque é impossível descansar naquele sofá--cama desconfortável e com o entra e sai do pessoal da enfermagem durante a madrugada. Ela merecia descansar. Nos fins de semana, ela passava várias horas comigo, mas eu sempre a estimulava a sair com as crianças para fazer alguma atividade. Não queria que eles ficassem muito tempo no hospital me vendo naquela situação.

Meu pai, como mencionado anteriormente, é cardiologista, mas hoje talvez entenda mais de hematologia que muito médico especializado. Desde meu diagnóstico, ele conversou com todos os especialistas, pesquisou e se inteirou de tudo sobre minha doença. Isso me deu a segurança de ter uma retaguarda. Além do mais, como ele estava fazendo a parte dele, eu não podia deixar a bola cair. Era uma responsabilidade. Tenho consciência de que foram meus pais que me ensinaram esse ímpeto de encarar e fazer de tudo para superar até mesmo os piores problemas.

Minha mãe foi todos os dias me visitar no hospital. Também me levava chocolates e pão de mel para adoçar um pouco a amarga rotina. Algumas vezes, eu mal conseguia dar atenção a ela, pois estava em uma reunião a distância ou cumprindo as atividades profissionais de rotina, mas ela se sentava no sofá e ficava ali quietinha ao lado. Sua presença me fez perceber que havia muito tempo que eu não conversava de verdade com ela, que não passávamos um tempo juntos, só nós dois. Então, a partir dessa percepção, retomamos nosso diálogo, nossas trocas. A correria da vida faz com que a gente, infelizmente, esqueça algumas coisas importantes – a doença me fez parar para enxergar melhor os outros e ver como as relações precisam ser mantidas com atenção dos dois lados.

Dessa forma, descobri que passar por uma doença terrível pode nos ensinar muita coisa. Naqueles dias de internação, por exemplo, senti a grande diferença que as ações do dia a dia, essas às quais mal damos bola por pressa, como respeitar e tentar de tudo para ajudar os outros, fazem diferença, principalmente nos momentos difíceis. Cada pessoa que entrava no quarto do hospital me garantia uma dose extra de ânimo. Cada mensagem que chegava por e-mail ou WhatsApp me fazia relembrar o que senti na avenida Búzios, no fim da maratona do Ironman de Florianópolis, quando o estímulo e os tapinhas nas costas proporcionavam endorfina e ajudavam a empurrar os atletas em direção à linha de chegada.

> Desde que a notícia começou a se espalhar, só percebi carinho nas pessoas, só ouvi palavras boas, positivas. Nunca houve tempo para lamentações em nossas conversas. À medida que os conhecidos ficavam sabendo da minha luta, comecei a receber mensagens de gente que pensei que nem se lembrava de mim. Achei isso incrível, respondi e passei a manter contato.
> A vida que levamos é muito corrida, cheia de tarefas e, no dia a dia, a gente não procura os outros e acaba se distanciando. Hoje tento ser mais proativo, ligar ou mandar mensagem para todo mundo, perguntar se está tudo bem, manter as conexões. Gostaria de continuar assim.

> Não quero esquecer essa lição e não tenho vontade de voltar a ser aquela pessoa regrada. Não que meu perfil tenha mudado de um dia para o outro. Continuo o mesmo, mas amadureci e faço mais uso da famosa generosidade!

O admirável é que, a cada visita ou mensagem que eu lia, ia percebendo que a preocupação das pessoas com minha condição era em geral bem maior que a minha própria. Eterno otimista, eu lutava para não me sentir doente, para não fazer alarde nem deixar transparecer a dor e o incômodo inerentes ao tratamento. Como já disse, a notícia se espalhou entre meus amigos e colegas de maneira espontânea. Nunca anunciei que estava com câncer – não por medo de ficar estigmatizado pela doença, mas porque tinha certeza de que seria algo passageiro, sabia que logo estaria curado e de volta. Além disso, não queria que as pessoas se preocupassem comigo. Esse meu sentimento gerou situações até engraçadas. No fim, era eu quem me solidarizava com o espanto e a tristeza dos outros quando me diziam que tinham recebido a notícia ou quando chegavam ao hospital e ficavam pálidas ao me ver conectado aos diversos "canos" que transportavam os medicamentos para minhas veias.

Tentava tranquilizá-los afirmando que estava bem, mas as expressões espantadas e de certa tristeza ao me ver mais magro, com hematomas pelo rosto e visivelmente cansado deixavam evidente que todos achavam que minha doença era a pior coisa do mundo e que a situação era crítica. Como não me sentia tão mal assim, em alguns momentos, eu, doente, me pegava acalmando as visitas, quando o esperado seria o contrário.

Já meus filhos não entenderam muito bem a situação. Na cabeça deles, papai estava internado no hospital por causa da queda em casa e da batida na cabeça. O lado positivo de ignorarem meu estado real foi que tocaram a vidinha deles em paz e ainda aproveitaram esse momento inicial de muitas visitas para curtir os parentes que apareciam o tempo todo. Enfim, minha primeira internação acabou sendo um momento de bastante união familiar.

Esse período inicial de quimioterapia coincidiu com a época da Copa do Mundo de 2018, na Rússia. Como o futebol sempre foi um dos esportes que mais amo acompanhar, aproveitei aqueles dias internado para assistir a grande parte dos jogos. Assim, colocando na balança a primeira fase do tratamento, foi como se eu estivesse "de folga", com meus amigos e minha família, vendo todas as partidas do Mundial e sem sentir os efeitos dos medicamentos usados para tratar o linfoma. Não tinha muito do que reclamar.

Além disso, e sem falsa modéstia, julgo ter sido um caso exemplar para a equipe médica. Por não sentir efeitos dessa primeira dose de químio, passava uns 45 minutos por dia fazendo exercícios no hospital: andando pelos corredores, sempre carregando o "poste" com os medicamentos, e ouvindo música. Os médicos estavam positivamente surpresos com meu comportamento sempre à favor da cura.

No fim desse primeiro ciclo, pensei que talvez o tratamento não fosse tão assustador assim. E acho que o que me ajudou a suportar com certa tranquilidade essa experiência também foi o fato de que, além de me ver como bastante resiliente, sempre me cuidei bem e mantive a saúde em dia. No entanto, era natural que meu corpo sentisse o baque de ser invadido por drogas tão poderosas. Até porque estávamos em guerra contra uma doença séria, que começava a ser expurgada.

Assim, apesar de naquele momento eu não sentir tanto os efeitos do tratamento, notei claramente que meu corpo sofria. Meus músculos desapareceram, e cheguei a perder 7 quilos de massa magra, talvez devido à quantidade de medicamentos, principalmente de cortisona – que, paradoxalmente, também provoca bastante inchaço. Por isso, no fim do primeiro ciclo, eu estava irreconhecível. A químio deixava marcas; então, sempre que possível, eu evitava o espelho. Apesar disso, quando terminou essa fase, eu me senti muito feliz. Afinal, após quase duas semanas enfurnado num quarto de hospital – não tinha saído dali desde o dia da queda em casa –, podia voltar para o conforto do meu lar. Cheguei próximo das cinco da tarde, desfiz a mala e tomei um banho com que sonhava havia muitos dias. A água do chuveiro se misturou às lágrimas de emoção que escorriam por eu ter superado a primeira parte do tratamento.

Apesar do otimismo, de amigos e familiares sempre presentes e de não ter me sentido tão mal, qualquer tratamento contra um câncer é um baque não somente físico mas também psicológico. Além dos desconfortos e do fato de a gente precisar acreditar que tudo vai terminar bem, sempre temos consciência de sermos o personagem principal de uma batalha hercúlea, e a única coisa que podemos fazer é torcer para que nosso lado saia vencedor. De qualquer maneira, quando cheguei em casa, eu me senti livre e aliviado. Não precisava mais carregar o suporte de medicação comigo para todos os lados. Não havia nenhum fio conectado a meu corpo. Pude saborear uma bela comida caseira ao lado da minha família. Como era bom não ser mais interrompido pelos enfermeiros, que, reconheço, eram sempre muito prestativos, mas que a todo momento vinham checar meus sinais vitais ou me recordar de uma medicação desagradável a ser ministrada!

> Estar em casa também me fez dar valor a pequenas ações do dia a dia, às quais quase não prestamos atenção, mas que, em momentos como esse, percebemos que fazem diferença. Como é delicioso escolher quais roupas vestir, abrir a geladeira na esperança de encontrar algo gostoso ali, usar a camisa de que gostamos ou apenas ficar um bom tempo zapeando na televisão com o controle remoto, sem nada na cabeça, em busca de um programa que nos agrade. Hoje penso em como é fundamental viver todos os momentos de forma intensa, sentindo e prestando atenção no que acontece a cada instante da vida.

Enfim, nada melhor que nossa casa. Deitei-me na cama, sem sentir falta das proteções laterais dos leitos hospitalares, e finalmente relaxei. Naquele momento, então, o pensamento voou; veio à minha mente a lembrança de que, depois da alta, minha rotina incluiria tomar diariamente no hospital uma injeção que ajuda a reforçar a imunidade. O problema é que esse processo gera uma contração da medula, o que causa uma das dores mais extremas que já senti na vida. Era como se estivessem esmagando com uma marreta os ossos da lombar. Respirei fundo e procurei não antecipar nada.

Depois de achar que meu cabelo não cairia e que eu não ficaria careca, no dia 7 de julho de 2018, ele começou a ir embora. Aconteceu! Registrei a data exata porque foi um dos efeitos mais marcantes da quimioterapia. E ocorreu de repente. Quando acordei, percebi que o travesseiro estava cheio de fios. Desconfiado, me levantei e vi que o chão do quarto, a pia do banheiro e todos os lugares por onde eu havia passado na noite anterior estavam lotados de cabelo. Minha sensação ao olhar aquilo foi muito estranha. Passei a mão na cabeça, da testa à nuca, e senti que ainda restava bastante.

Fiquei um pouco aliviado, mas sabia que a queda era uma reação normal do corpo à medicação. Como já haviam se passado dez dias desde o primeiro ciclo de químio e nada tinha acontecido, pensei que, por um milagre, havia conseguido driblar esse incômodo tão característico da doença. Leigo que sou no assunto, recorri à internet (o que não é o mais indicado) para me inteirar da questão e me dei conta de que não tinha sido agraciado com nenhum milagre: todas as publicações especializadas diziam que a reação se dava com aproximadamente quinze dias do início do tratamento. Infelizmente, a conta estava certa!

O engraçado é que foi nesse momento que tive a certeza de que tudo aquilo estava mesmo acontecendo comigo, que não era um pesadelo ou algo que logo passaria. De repente me dei conta de tudo, como se tivesse sido despertado por um sino agudo. A queda de cabelo é a materialização visual da doença, expõe de verdade, e talvez por isso eu tenha sentido medo. Eu me olhava no espelho e não me reconhecia. Queria parecer forte, mas nessa hora começou a bater uma dúvida. Além disso, não sabia como meus filhos reagiriam à mudança no meu visual. E isso também me preocupava. O que me salvou foi que minha mulher é uma rocha. Ela tem muita força. Durante todo o meu tratamento, além de me colocar sempre para cima e me dar ânimo nos piores momentos, ela nunca reclamou de nada – nem quando teve que tomar conta de tudo sozinha enquanto eu estava focado no Ironman; muito menos depois, enquanto fiquei enfurnado em uma cama de hospital. Thais nunca titubeou nem demonstrou pena ou susto ao me ver careca e sem sobrancelhas. Quando a competição terminou, pensamos que finalmente voltaríamos a ser uma família normal, com tempo juntos, descanso e diversões. Mas aí recebi o diagnóstico da doença, e durante o tratamento não tem fim de semana, madrugada, nada. É tudo intenso.

Thais foi a única testemunha dos momentos em que, como nesse da queda de cabelo, realmente desabei. Minhas baixas de confiança em geral aconteciam naquelas horas em que estávamos os dois sozinhos, de noite, em casa ou no hospital. Mesmo que os médicos digam que está tudo bem, até que você tenha alta, nada está bem de verdade. A gente sempre fica se perguntando se tem alguma coisa que os especialistas não estão querendo dizer para aliviar o estresse inerente à doença. E acho que, mesmo depois disso, sempre sobra uma dúvida latejando lá no fundo da mente sobre a real eficácia do tratamento e a tão esperada cura. Ter a Thais ao lado, no entanto, incentivando minhas loucuras no esporte e depois me ajudando a me manter forte, foi fundamental.

Não fiquei nem um pouco feliz ao me dar conta de que em pouco tempo estaria careca. Confesso que nunca fui muito fã do meu cabelo, mas tive uma sensação parecida com aquela de quando nosso time de futebol está dominando a partida e prestes a ganhar o jogo e de repente leva um gol nos últimos minutos. Foi uma baita decepção, pois estava me sentindo incrivelmente bem naqueles dias. E foi sem volta: em apenas uma semana, todos os fios simplesmente desapareceram. Aproveitei a oportunidade e usei minha máquina de barbear para finalizar o serviço raspando zero. Por alguns momentos, relembrei minha entrada na faculdade, quando ficar careca foi sinônimo de vitória. Sorri forçado e tentei levantar o astral; pensei que dali em diante garantiria preciosos minutos evitando o uso do pente nos fios rebeldes. O choque é inevitável, mas não dá para chorar sobre os cabelos que se foram quando ainda há muita coisa a ser vencida e quando se está vivo!

Fora a careca, precisei me acostumar com a falta de todos os pelos do corpo. Minha barba, que por tanto tempo cultivei com carinho, também se foi, e os outros fios desapareceram quase que de uma vez. Então, fiquei com certo receio de me mostrar publicamente com a nova imagem. Afinal, aquela era a expressão de que havia algo de errado comigo. No entanto, não podia fazer nada a não ser aceitar. Ainda que não fosse nem um pouco fácil. Eu me considero relativamente vaidoso. Nada extremo, mas tento manter meu cabelo arrumado (dentro do possível, considerando as características dele desde sempre...) e a barba aparada e uso roupas adequadas para cada situação.

> O medo nos assalta várias vezes quando passamos por uma doença grave, e no meu caso a perda dos pelos foi muito chocante e trouxe esse sentimento de volta com força – e, junto com ele, sorrateiramente, vieram todas as questões que espreitam para, volta e meia, nos assombrar. Será que, depois de tudo isso, vou me recuperar? Será que conseguirei ter minha vida de volta, sem sequelas? Será que vou aguentar toda a químio que vem pela frente? Será que as pessoas demonstram pena por saberem de algo que eu ainda não sei? Mais um tipo de desafio a superar – ou ao menos torná-lo submerso no inconsciente para não atrapalhar o processo de confiança na cura. Demanda força de vontade, é difícil, mas possível.

Apesar de passar a maior parte do tempo dentro de casa, principalmente nos primeiros dias depois da alta hospitalar, eu acabava saindo para certas atividades de rotina, como ir à padaria, à farmácia e ao hospital para tomar minha injeção diária de imunização. Não gostava de pensar que as pessoas me veriam daquele jeito e perceberiam que eu estava passando por um tratamento contra uma doença agressiva, mas não havia opção. Tinha vergonha de sair sem boné, queria me esconder. Só que não adiantava, pois percebi que mesmo assim me observavam de maneira diferente. Todas as pessoas com quem eu encontrava ou cruzava na rua voltavam instintivamente os olhos para minha cabeça, como se quisessem olhar por dentro do boné para ter certeza de que eu estava careca. Algumas chegavam a dar discretamente uma volta por trás de mim para comprovar o que estavam "vendo" – eu estava com câncer.

Poucos tiveram a coragem de perguntar alguma coisa, mas o olhar e a expressão falavam por si sós. Percebi que nos locais aonde ia sempre e onde havia algum clima de intimidade, como a padaria na frente da minha casa, por exemplo, os funcionários que me conhecem há anos me trataram com mais cuidado e cochichavam entre si sobre mim, mas evitaram me perguntar por que agora eu só andava de boné – ou gorrinho no frio – ou por que não usava mais barba. Eles sabiam, e tenho certeza de que se importavam, mas acho que o estigma da doença impede as pessoas de perguntar qualquer coisa. Elas, no máximo, vêm te dar uma força, mesmo sem perguntar nada, o que no fim acaba sendo bacana. É preciso perceber que, depois da curiosidade, vem sempre um pensamento positivo para quem constata a doença.

Também na volta ao trabalho passei por uma experiência interessante. Desde que descobri o linfoma e comecei o tratamento, somente as pessoas de minha equipe, a liderança da empresa e alguns colegas mais chegados ficaram sabendo do problema. Apesar de chefiar a área de comunicação, não senti nenhuma necessidade de expor publicamente o que estava acontecendo comigo. Os colegas mais próximos até organizaram uma festinha para me recepcionar quando voltei, o que fez com que eu me sentisse acolhido. O assunto da minha doença, no entanto, parecia ter permanecido mais ou menos entre um pequeno grupo. Nos primeiros dias, ainda sem jeito por causa do novo visual, estava sempre de boné no escritório. Recordo que torcia para não encontrar ninguém nos corredores que levavam da recepção até minha sala. Não queria que me vissem daquele jeito, o que certamente despertaria a curiosidade sobre o que estava acontecendo. Imaginei que logo seria acionada a famosa "rádio peão", a fofoca para saber os motivos pelos quais um diretor da empresa estava trabalhando de boné. Tentava permanecer o máximo de tempo possível em minha mesa e sempre pensava várias vezes antes de sair pelos corredores, até mesmo para ir ao banheiro. Almoçava dentro da minha área e pedia a meus colegas que fossem até lá quando quisessem tratar de assuntos profissionais. Depois, percebi que estava guardando um segredo de polichinelo – com o passar dos dias, eu me dei conta de que, querendo ou não, todos no escritório já sabiam. Não havia mais o que esconder. E, para minha grata surpresa, as palavras de carinho e força que recebi ao circular pela empresa, até mesmo de gente que mal conhecia, também acabaram se tornando uma fonte de alegria e apoio. De qualquer modo, ainda resistia em tirar o boné e sair por ali mostrando que estava careca. Não só pelo fato de não ter cabelo, mas também porque aquilo era uma representação gritante de que eu estava doente.

Quando perdemos cabelo, sobrancelhas e todos os pelos do corpo, inconscientemente avisamos todo mundo: "Olá, é câncer mesmo". As pessoas sem querer se assustam, apesar de ser uma doença comum. O momento em que nos olhamos no espelho e estranhamos é um prenúncio da reação dos outros. Por mais que saibamos, ou ao menos imaginemos, que vamos ficar literalmente "pelados", o choque é forte, mexe com nossa autoestima, joga no chão nosso orgulho e nos põe em definitivo de frente para a doença, para a fragilidade. É preciso se esforçar para superar isso, não ter vergonha, pois não é uma opção de quem passa por essa situação. É difícil, mas reversível!

Demorou algum tempo até eu enfrentar essa minha vaidade e meu próprio preconceito com a imagem de uma pessoa doente. Mais uma vez, devo essa injeção de coragem a minha esposa, que diariamente elogiava minha beleza, afirmando que, com ou sem cabelo, eu estava com uma aparência ótima. Ela me incentivava dizendo que doença é algo que acontece na vida da maioria das pessoas e jamais deveria ser motivo de vergonha. Eu não havia pedido para ficar doente, estava assim por obra do destino, porque tinha que acontecer.

Como já disse, uma das minhas maiores preocupações era com a reação dos meus filhos. Tenho a impressão de que eles não entenderam completamente o que estava acontecendo, mas sabiam muito bem que era sério. Por isso, aproveitei para fazer do momento do corte total do cabelo e da barba uma grande brincadeira. Raspamos meus pelos de maneira aleatória, com todos se divertindo com o resultado bizarro. Minha filha achou que fiquei lindo. Meu filho talvez tenha ficado mais desconfiado. Ele passou a me olhar de um jeito diferente, mas não comentou muito. Eles me haviam visto caído no chão, ensanguentado, e talvez tenham pensado que todo o resto, o hospital e a careca, era resultado da queda. Estavam até felizes porque, durante o tratamento, quando eu não estava no hospital, permanecia muito mais tempo em casa.

Com o passar dos dias e os estímulos de Thais, fui ficando mais confiante e, em determinados lugares, já deixava o boné de lado.

Aquilo me deu uma sensação muito boa, de liberdade e alívio por finalmente ter me assumido com a "cara limpa", por não ter que esconder nada atrás de um boné. A partir desse momento, passei até a esquecê-lo em casa. Em algumas situações, até fazia questão de mostrar a cabeça lisa. Fui a vários eventos, reuniões e encontros mostrando minha careca recém-adquirida. Finalmente queria ser eu mesmo – e só me lembrava do boné e do gorro quando sentia um ventinho frio congelando minha "calva"! Foi libertador.

Até mesmo em minhas publicações nas redes sociais comecei a aparecer exatamente como estava. As *selfies* com a pulseira do projeto #ThisIsAMission já me apresentavam careca e, apesar de não ter explicitado meu problema, não havia razão para esconder que vinha combatendo uma doença terrível. Essa exposição, porém, começou a gerar questionamentos daqueles que percebiam minha fisionomia bem diferente do normal. Como as redes fazem circular informações, comecei a receber uma enxurrada de mensagens de conhecidos e amigos mais distantes perguntando se estava tudo bem. Minha obsessão pelo esporte sempre foi conhecida, principalmente por causa do triatlo, e muitos amigos diziam, depois de receber a notícia, que num primeiro momento pensaram que eu havia raspado a cabeça como parte dos esforços para melhorar o desempenho esportivo. Os que me conheciam havia mais tempo tinham ainda mais razões para acreditar nisso, pois várias vezes fiquei careca na época de nadador, para facilitar nas competições mais importantes. Só que, além do cabelo, eu não tinha sobrancelhas nem qualquer outro pelo no corpo. E isso não era comum.

O interessante é que ficava muito claro que, em geral, essas pessoas com quem me relaciono mais por redes sociais também se sentiam constrangidas para fazer perguntas. Mais uma vez, ninguém questionava diretamente se eu estava doente, mas com certeza todos já estavam preparados para receber uma notícia afirmativa. Fiz questão de responder às mensagens de quem se preocupou comigo, tranquilizando a todos e dizendo que estava tudo sob controle. Mais uma vez, constatei o estigma de uma doença como o câncer e, novamente, evitei a todo custo me fazer de vítima. Ficar me lamentando em nada iria ajudar.

6. No segundo ciclo, virei escritor

Minha segunda internação foi no dia 11 de julho de 2018. Estou acostumado a chegar sozinho a hotéis estrelados quando viajo a trabalho, e o hospital em que fiz meu tratamento se parece bastante com um deles. No entanto, nessa, que foi a primeira vez em que me internei sem ser por uma emergência, meu estado de espírito mudou, e eu me senti muito melancólico. Bem cedo, entreguei para a moça da recepção meus documentos e a carteirinha do convênio, tentando imaginar como se fosse um *check-in* em um hotel. Tentei afastar a tristeza e me sentir mais confiante; afinal, tinha ido ao hospital sozinho e me sentia bem fisicamente. No entanto, minha melancolia se materializou mais ainda quando a atendente me fez colocar uma pulseirinha de identificação. Não, eu não era um hóspede, mas um paciente – a verdade caiu sobre mim como um raio. Não dava para me enganar: eu estava de volta ao hospital e passaria os cinco dias seguintes sem sair dali.

A pulseira, que em um hotel permite acesso às áreas de lazer, nesse caso dava informações sobre prontuário e trazia a observação de que eu tinha risco de queda. Isso fez com que eu me lembrasse de que ainda estava doente. Mais uma vez, como quando perdi cabelo e sobrancelhas, a verdade se escancarou para mim e trouxe meus questionamentos de volta. Enquanto esperava liberarem meu quarto, tentei pensar positivamente. Meu otimismo, porém, voltou a se abalar quando o mensageiro entrou na sala de espera e, empurrando vigorosamente uma cadeira de rodas, berrou meu nome. Levantei o braço, e ele veio sorridente, cumprimentou-me e pediu que eu me sentasse na cadeira. Respondi educadamente que não precisava. Afinal, havia chegado ali caminhando com minhas próprias pernas. Estava bem, e minha cabeça se recusava a admitir que eu era um paciente. Ele devia estar acostumado com aquele tipo de resposta, pois, com muita calma, afirmou que era um procedimento obrigatório, já que na minha pulseira anunciava o tal "risco de queda". Num rompante de negação da situação real, pedi que relevasse a informação, mas seu olhar fulminante no estilo "vamos logo com isso" fez com que eu aceitasse e me sentasse quietinho na cadeira de rodas. Assim, fui de carona até o quarto em que me hospedaria durante aquela semana.

Eu sabia o que iria enfrentar: cinco dias intensos e cansativos, com infusão constante de quimioterápicos e visitas da equipe de enfermagem, de hora em hora, para verificação dos sinais vitais, como pressão sanguínea, batimentos cardíacos, controle da glicemia e outros. Para minha surpresa, porém, dessa vez recebi uma pessoa que me deixou mais animado e ajudou a levantar um pouco meu astral diante da ideia de estar aprisionado e passar por um novo ciclo, talvez com efeitos ainda desconhecidos. Tudo ficou menos cinza quando a nutricionista de plantão entrou no quarto e, sem nem dar bom-dia, disparou que trazia boas notícias: minha dieta estava liberada. Ou seja, poderia escolher o que bem entendesse. Como um garçom, ela sacou um papel e uma caneta e começou a me perguntar o que eu gostaria de comer no café da manhã, no almoço e no jantar. Que boa recepção foi essa!

Sempre fui bom de garfo, e restrições alimentares me deixam desanimado. Consequência: não foi fácil anotar tudo, até porque aproveitei para garantir que comeria muito bem durante essa minha segunda estada. No entanto, ela achou que fui comedido nos pedidos e insistiu. Depois de ouvir mais alguns itens de preferência, como pizza, batata frita, estrogonofe, sanduíche, doces – eu já estava até salivando nessa hora –, ainda perguntou o que eu queria para o lanche da tarde e para a ceia. Até suplemento proteico entrou na lista! Confesso que, na animação, pedi muito mais do que seria capaz de comer, ainda mais na situação em que os remédios tiram a fome. Mas a alegria não durou muito. Em apenas dois dias de internação engordei 3 quilos! Repensei meus pedidos e voltei a uma dieta mais comedida e equilibrada, com salada, arroz, feijão e purê de batata.

Meu segundo ciclo de internação também transcorreu de maneira relativamente tranquila, com reações mínimas aos remédios, mas com alguns perrengues que os médicos disseram ser normais. Essas "reações mínimas" incluíam enjoos e náuseas repentinas, sempre no meio da madrugada, que me tiravam o sono e faziam com que meu dia começasse muito cedo.

Uma coisa boa foi que não precisei mais ser furado compulsivamente para a coleta de sangue, como aconteceu na primeira internação. Acabaram-se as dores e os hematomas. Como em um passe de mágica – que na realidade necessitou de uma pequena cirurgia –, todas as coletas para exames passaram a ser feitas pelo catéter subcutâneo do lado direito do peito.

Em geral, o tempo em que fiquei no hospital custou a passar, mesmo com o entra e sai constante de enfermeiros, com a visita dos médicos duas vezes ao dia e com todos os procedimentos a que fui submetido. O quarto era muito confortável, tanto para o "hóspede" quanto para os acompanhantes. Sofá aconchegante, poltrona reclinável, escrivaninha para trabalho, acesso a Wi-Fi de conexão imediata, TV de 42 polegadas com todos os canais à disposição e serviço a qualquer instante. Até um *kit* de higiene de primeira linha era oferecido. No entanto, com o passar dos dias, em vários momentos esse conforto ficava em segundo plano; eu me sentia numa cela, preso, sem poder me movimentar direito. Os enfermeiros até me incentivaram a sair do quarto e caminhar pelo corredor, mas hesitei. Por alguma razão, queria evitar encontrar pessoas e me deparar com doentes. Na minha cabeça, eu não estava na mesma situação deles. Estava ali de passagem, e logo todo aquele sofrimento seria apenas mais uma história da vida.

Só que o tempo teimava em não passar. A saída que encontrei foi me concentrar na escrita deste livro e tentar trabalhar com o escritório de maneira remota. A empresa não queria que eu usasse meu e-mail corporativo durante os dias de internação, mas consegui driblar a proibição, beneficiando-me das outras plataformas de comunicação existentes hoje. Eu tinha que dar um nocaute naquela impaciência, naquele fastio, que deixava os dias com aspecto de 48 horas cada.

Manter-me conectado com a empresa serviu de enorme ajuda, pois conseguia ao mesmo tempo estar ocupado e por dentro de tudo o que acontecia no trabalho, embora não precisasse, já que a confiança que tenho na equipe e em meus superiores é plena. Sabia que a peteca não iria cair, mas não consigo me desligar da vida profissional apenas porque não estou presente no escritório. Eu me sentia bem, com a cabeça funcionando normalmente. Por que não canalizar essa energia para algo útil? Assim, além do trabalho, a escrita do livro me absorveu e me demandou concentração, sendo, inclusive, uma boa forma de catarse.

Outra coisa que ajudou a fazer os dias passarem mais depressa foi responder às muitas mensagens de amigos, colegas, familiares e pessoas com quem eu nem tinha tanto contato, todos enviando votos de força, palavras de carinho e de solidariedade – tal qual havia acontecido na primeira internação. Eu me sentia animado cada vez que soava o alerta do aplicativo, pois sabia que ganharia mais uma dose de ânimo para superar mais aquele grande desafio. Cada uma delas contribuiu e muito para que eu vencesse a luta contra a doença. Cada réplica que eu fazia, porém, era seguida de uma tréplica, que pedia uma nova resposta. Se estivesse em outro momento, acho que não me sentiria muito feliz com esse diálogo – sou meio avesso a trocas de mensagens instantâneas. Prefiro passar a mão no telefone e falar diretamente com a pessoa. No entanto, nesse caso, a lembrança e o estímulo dos conhecidos tiveram imenso valor.

Naquela semana, a Copa do Mundo da Rússia já estava na fase final e com poucos jogos diários – o que contribuiu para certo tédio. Se na primeira internação eu assistia a três partidas por dia, agora a televisão passava a maior parte do tempo desligada. Uma vez, tentei assistir à programação normal, coisa que não fazia havia anos, mas não consegui. Achei as opções de conteúdo em geral bem ruins e passei a ver apenas os telejornais noturnos, além de toda a programação de esportes, é claro.

Os dias passaram, e a tão aguardada final da Copa chegou. Nunca imaginei que iria assisti-la em um quarto de hospital, e acho que essa foi a única razão por que não lamentei tanto quando o Brasil foi eliminado. Com certeza, se meu país estivesse na final, ficaria mais chateado de não poder assistir ao jogo num local divertido e ao lado de pessoas queridas. Entristeceu-me principalmente a lembrança de que, quatro anos antes, tive o privilégio de estar na tribuna do Maracanã vendo a Alemanha levantar a taça pela conquista de seu tetracampeonato mundial. Dessa forma, a vitória da França sobre a Croácia, para mim, foi um jogo qualquer de domingo à tarde.

Um dos desafios de ficar 24 horas por dia na cama de um hospital é tentar abstrair o fato de que estava passando por um tratamento quimioterápico. Não ajudava em nada olhar o *timer* da bomba de infusão do medicamento que entrava ininterruptamente em meu corpo pelo catéter enfiado em meu peito; o tempo não passaria mais rápido. Apesar dos desconfortos e da sensação de monotonia, esforcei-me para encarar esse período no hospital como uma possibilidade de descanso. Como se fossem férias em que minha única preocupação era não fazer nada, não ter nenhuma responsabilidade. Não é com isso que tanto sonhamos quando estamos sob o estresse do dia a dia? Otimista incurável que sou, comecei até a achar que minha situação não era tão ruim no segundo ciclo.

Esse esquema mental me ajudou, ainda mais quando a internação se tornou uma rotina e já não havia mais aquele ritmo de visitas e companhias dos primeiros dias. Não é um exercício fácil, reconheço, mas os momentos em que de fato consegui abstrair foram fundamentais para manter a cabeça sã, a mente leve e confiante e o corpo firme para receber o antídoto contra a doença. Eu simplesmente me deitava e relaxava. Acho que só preciso não ter o que fazer para abstrair e recuperar a energia.

Superei a monotonia e a rotina de estar no hospital criando mentalmente situações positivas, como a de me sentir de férias. O pensamento nos trai a cada segundo se não o colocamos a nosso favor, a nosso serviço. Foi fundamental afastar qualquer depressão, "criando" continuamente situações positivas. Pode parecer clichê, mas segurar os pensamentos no positivo ajuda demais. O negativismo só atrapalha. É difícil, mas é possível.

Quando saí do hospital, estava preparado para seguir com minha vida normal como havia acontecido depois do primeiro ciclo de quimioterapia. No entanto, os dias subsequentes à segunda alta foram diferentes. De maneira geral, eu me sentia bem, mas dessa vez um incômodo no estômago me atingiu em cheio. Somado à dor provocada pelas injeções para aumentar a imunidade, precisei me amparar totalmente em minha resiliência para aguentar o tranco. Apesar de passar o tempo todo tentando me convencer de que estava bem, em alguns momentos fraquejei. No segundo dia depois da alta, as dores fortíssimas, que não passavam nem com todos os remédios que tomei, me derrubaram e me jogaram na cama, de onde não saí o dia todo. Apesar de estar exausto e sonhando com um descanso, passei a noite acordado, urrando de dor, andando do quarto para o banheiro e de lá para a cozinha, sem saber o que fazer.

Por causa das dores, precisei adiar os planos de voltar ao escritório. Meu único consolo, por mais inútil que fosse, era que eu já sabia que tudo isso poderia acontecer, ainda que não quisesse acreditar. Durante a internação, meu médico me avisou que eu provavelmente teria um ou dois dias difíceis pela frente. Quando as dores surgiram, estava preparado; mesmo assim, foi mais terrível que o imaginado.

Minha sorte é que esse período de aflição não durou muito. Na manhã seguinte já me sentia melhor e, como não conseguia dormir, fui logo cedo ao hospital tomar mais uma dose da temida injeção. O bom é que, além de imunizar, a medicação me deu ânimo. Comecei a me sentir bem e feliz novamente, já que queria muito voltar logo à rotina e retomar as atividades de sempre. Naquele momento, não havia restrições, contanto que eu não me esforçasse muito, claro. Por isso, ainda tinha medo de fazer exercícios físicos. Não queria prejudicar o sentimento de bem-estar passando dos limites. Porém, para quem curte, como eu, o esporte é como droga. Não resisti e, em algumas manhãs, caminhei bem de leve na esteira da academia do prédio em que morava. E me senti renovado. O suor escorrendo pela testa e pelos braços serviu como mais uma injeção de ânimo. Aproveitei esses momentos para fortalecer as pernas, os ombros e os braços; afinal, sabia que minha vida de esportista ainda não havia terminado. Era apenas um hiato. Eu pensava sempre que, quando voltasse a treinar, precisaria estar o mais em forma possível para suportar a carga de treinos dos bons tempos. Além das atividades físicas, sentia que só faltava retomar minha vida profissional. Ainda que não tivesse largado totalmente minhas funções, trabalhar do hospital ou de casa era diferente de estar presente fisicamente na empresa, ao lado da equipe e participando do dia a dia da organização. Gosto do frenesi do ambiente de trabalho.

Uma semana depois da alta, quando finalmente voltei ao escritório, eu me sentia tão bem que consegui cumprir a semana toda muito animado, como fazia antes de descobrir a doença. Na verdade, acho que estava trabalhando até melhor, já que me sentia muito energizado e feliz de estar na empresa e ter superado duas fases de químio. Retornei com tudo, tomando decisões importantes, participando de reuniões sobre temas estratégicos, gerenciando a equipe e interagindo com os públicos de minha responsabilidade. Minha rotina de trabalho só era interrompida na hora de tomar os remédios, tirar uma *selfie* com a pulseirinha do #ThisIsAMission e quando eu respondia às várias mensagens de carinho e força dos amigos que continuava recebendo a todo instante pelos aplicativos ou via telefonemas. Até me esquecia de que precisava ir devagar, pois, na minha cabeça, já estava curado.

Com o passar dos dias, fui me sentindo cada vez melhor. Nesse período, percebi mais uma vez que a preocupação dos outros em relação a mim era maior que a minha. Compreendi a inquietação; afinal, várias das pessoas que me conheciam bem e tinham ficado espantadas só de saber da minha doença ficavam mais inquietas quando me viam careca, acima do peso e com cicatrizes no pescoço e na testa. Eu logo tentava quebrar o gelo e acalmá-las dizendo que me sentia bem. Mas não nego que, por dentro, me batia um desânimo todas as vezes que via o espanto e a tristeza de quem me encontrava. As pessoas reagiam como se minha doença fosse a pior coisa do mundo. Talvez até fosse, mas, como eu não queria encarar daquele jeito, essa ideia me entristecia. No fim, eu, doente, novamente me pegava tentando tranquilizar aqueles que poderiam me dar uma força naquele momento.

Sei que não é fácil manter a serenidade nas visitas ou nos encontros com doentes, mas é sempre bom lembrar que um simples e rápido olhar de espanto atua como estímulo muito negativo para o paciente. Na batalha contra qualquer doença, ficamos mais sensíveis a expressões de aflição e dó, que não ajudam em nada. Nessas horas, precisamos e esperamos encontrar nos outros naturalidade ou mesmo uma palavra que nos ponha para cima.

Para quem já estava acostumado a me ver com aquele novo visual, como minha família e meus colegas mais próximos, era como se nada tivesse acontecido. Fui incluído até nas programações mais radicais. Cientes de que adoro futebol e torço pelo Santos, meus amigos Boris, Edwin, Luiz Marcelo e Dan aproveitaram que haveria um jogo na

Vila Belmiro e organizaram uma balada rumo ao litoral. Fazia tempo que eu não curtia um programa diferente – e soube que esse seria muito divertido. Fomos os cinco, e eu era o único torcedor do Santos.

No fim, o jogo era o que menos importava. Estávamos lá para curtir, dar risada e fazer bagunça. A saga incluiu os 90 minutos de tensão e sofrimento por causa do péssimo desempenho da equipe em campo, com direito a intermináveis piadas e gozações dos amigos, além de um jantar em um restaurante de fundo de quintal – onde tive a capacidade de comer uma pizza inteira sozinho. Cheguei em casa por volta de 1h30 da madrugada, sendo que estava em pé desde às seis da manhã e havia trabalhado duro por mais de dez horas na empresa. Apesar do cansaço, esse foi exatamente o tipo de estímulo que me encheu de força e confiança para enfrentar o tratamento e superar logo a doença. Estava pronto para outras experiências.

Com essa escapada da rotina, talvez eu tenha passado da conta, mas nos dias seguintes joguei bola com meu filho, brinquei de patins com minha filha, malhei um pouco mais na academia e tomei uns copos de chope com colegas num *happy hour*, coisa que havia muito tempo não fazia. Eu me sentia completamente saudável, e minha vida estava voltando a ser o que era antes; de repente, porém, me lembrei de que a data da terceira internação se aproximava. A ideia de voltar ao ambiente hospitalar adverso – mesmo sabendo que era necessário – me desanimou. Nesse momento, entrei em um conflito íntimo: por um lado, gostaria que o tratamento passasse o mais rapidamente possível, o que me fazia querer voltar ao hospital para acabar logo com mais um ciclo; por outro, sabia que a internação sempre resultava em vários efeitos colaterais e que, pelo menos por algum tempo, seria outra vez privado da vida que gostava de levar. No fundo, o que eu menos queria era ter que passar por aquilo tudo de novo.

7. De volta à prisão hospitalar

Foi difícil dormir naquela madrugada de 10 de agosto. Minha cabeça teimava em pensar sem parar sobre como seria o próximo ciclo de quimioterapia, que começaria na manhã seguinte. A internação estava marcada para as sete, mas às cinco eu já estava de pé por causa da ansiedade. Conferi as roupas que havia separado para a semana, fiz uma sessão de abdominais, tomei café da manhã e esperei a Thais se arrumar para me levar ao hospital.

Fazia um dia nublado, frio e com uma garoa fina. Parecia propício para uma internação. No hospital, porém, fiquei mais confiante ao descobrir que não precisaria mais usar a pulseira que avisava sobre o risco de queda e que não me obrigariam a seguir até o quarto em uma cadeira de rodas. Na minha expectativa, esses pequenos ganhos foram animadores, pois parecia que eu estava menos frágil. A única coisa que não mudou foi que tive que subir pelo elevador reservado a médicos e pacientes. Não se pode ter tudo na vida.

Ser positivo e valorizar pequenos avanços ajuda muito em momentos difíceis. Nossa tendência é só valorizar notícias excelentes e

> menosprezar detalhes. Manter o pensamento focado em todo e qualquer ganho, independentemente do tamanho, é como deixar o bom ânimo ser infundido junto com quimioterapia.

Fui internado no sexto andar da ala oeste do hospital, a mesma da primeira internação, quando descobri a doença que desencadeou toda a saga. A lembrança daqueles primeiros doze dias preso ao leito voltou com tudo, mas também me recordei do carinho e do cuidado que cada um dos profissionais que estiveram comigo e recuperei a confiança. Eu já conhecia a rotina: entrei no quarto, desarrumei minha mala e aguardei a chegada dos enfermeiros e técnicos de enfermagem que começariam os procedimentos para o terceiro ciclo de quimioterapia. Em poucos minutos, os medicamentos dependurados no suporte móvel corriam diretamente para o catéter pregado em meu tórax. Lá ia eu de novo enfrentar a montanha-russa de outros cinco dias ininterruptos de químio.

Assim que a equipe saiu do quarto, entraram os médicos e a nutricionista. Os hematologistas fizeram as perguntas de sempre: como eu me sentia, o que havia feito naqueles dias fora do hospital... Nem contei a eles tudo o que tinha aprontado com receio de tomar bronca. Explicaram os remédios daquele ciclo e fizeram um exame de coração. Em seguida, informaram que dessa vez haviam aumentado em 20% a dose da medicação, dada a boa resposta de meu organismo ao ciclo anterior. Fiquei apreensivo com os efeitos colaterais desse aumento, mas suspirei aliviado com a justificativa – era uma boa troca. Então foi a vez de a nutricionista me explicar o que eu poderia comer naqueles cinco dias. Fiquei animado. Afinal, uma vez no hospital, poderia pelo menos me divertir um pouco com a comida, apesar de tentar ser mais conservador que na vez anterior, quando engordei. Minha dieta estava liberada, mas, quando perguntei se podia comer de tudo mesmo, ela riu e logo baixou minha expectativa: "Quase tudo" foi a resposta. Entrei na onda e ponderei: quase tudo é bem melhor que "quase nada". Logo percebi que esses cinco dias de internação talvez não fossem tão desagradáveis como tinha imaginado. E realmente não foram. Pude ocupar meu tempo entre atividades profissionais, pelo computador, e a escrita deste livro – que me animava cada vez mais –, pois pensava em quanto ele poderia ser útil a outras pessoas na mesma condição. Era como dizer: "Vá em frente, vai dar certo, mantenha o domínio da situação emocional". Além disso, recebi muitos amigos e parentes, que carinhosamente investiram parte de seu precioso tempo para estar comigo e transmitir boas energias. Cada visita foi bastante especial. Muitas conversas, histórias e, sobretudo, diversão e risadas.

Com o passar dos dias, já mais acostumado com a rotina do tratamento, observei com mais clareza os serviços de enfermagem e de assistência geral ao paciente e percebi que funcionam como uma orquestra. Todos entravam no quarto para fazer sua performance no devido tempo. Decorei os horários e procurei adequar minhas atividades pessoais de forma a não atrapalhar os procedimentos. Não que tivesse muitas tarefas prementes, é verdade, mas sou uma pessoa organizada e queria facilitar tudo.

Meu dia começava bem cedo, e a rotina seguia no ritmo conhecido. Às seis, recebia a primeira sessão de remédios via oral, checagem de sinais vitais e coleta de sangue. Logo depois, por volta das 7h30, voltavam para medir meus níveis de glicemia e me pesar. Depois disso, vinha a melhor parte: podia desfrutar do café da manhã, relaxar um pouco e me deliciar com as frutas e os sanduíches que eu mesmo tinha escolhido. Comida de hospital tem fama de ser insossa – a de lá até que não era –, mas qualquer refeição sempre é um passatempo para quem fica dias dentro de um quarto. Ao mesmo tempo, o sossego dura pouco: eu nem bem finalizava o café, o enfermeiro já estava novamente no quarto para entregar mais uma batelada de remédios. Seis comprimidos de cortisona com um gosto tão amargo que eu sempre desejava não ter finalizado o café antes.

Os dias eram agitados pelo entrar e sair desenfreado de médicos, enfermeiros e faxineiros no quarto. Um longo banho relaxante e a chegada da nutricionista – que me animava com as várias escolhas possíveis – eram dois eventos que me deixavam feliz, pois, entre eles e depois deles, havia toda a rotina do tratamento. As visitas médicas, com as perguntas que eu já conhecia e instruções sobre o andamento do tratamento e os próximos passos, me deixavam tranquilo, pois sempre ouvia que tudo corria bem, tudo dentro do esperado. A fisioterapeuta vinha me acompanhar e supervisionar alongamentos, mas confesso que achava uma chatice – tudo muito básico para o que eu estava acostumado na rotina de atleta. Almoço, precedido de nova visita para exames, colher sangue etc. Era outra rotina, movimentada.

Nessa terceira maratona no hospital, tive a companhia e o carinho diário de minha esposa, meus filhos e amigos, e minha mãe ficou todos os dias sentada ao lado da cama, quietinha, acompanhando cada movimento. Eu tentava aproveitar os minutos livres para me sentar e, à escrivaninha, responder a e-mails profissionais e organizar o pensamento para continuar a escrita deste livro.

Então era a hora de a equipe de limpeza entrar em cena. Os funcionários percorriam o quarto como uma brisa e, quase sem eu perceber, faziam uma faxina geral e garantiam a assepsia necessária para um paciente com tão delicada doença.

Apesar dessa agitação, das visitas, do trabalho, do livro e das dezenas de mensagens de WhatsApp, às quais eu ficava um bom tempo respondendo, para mim os dias custavam a passar. De noite, não era fácil me despedir de todos e voltar para o mundo solitário da "cela" hospitalar. Tive momentos de muita reflexão e – por que não? – de descanso e desapego de tudo e de todos. Ao mesmo tempo que tentava renovar as energias e manter a chama do otimismo acesa, conversava comigo mesmo sobre como melhorar como pessoa e profissional dali em diante. O que poderia fazer de diferente ou deixar de lado para ser um pai e um marido mais presente e carinhoso, um executivo de maior competência e um atleta mais dedicado?

> Acredito serem normais para pessoas que enfrentam uma doença séria os momentos de balanço da própria atuação no palco da vida. Como eu era ao entrar pela primeira vez no hospital? Quais são minhas manias? Como eu avaliava as pessoas ao meu redor? Como devolvia a atenção e o carinho delas para comigo? O que deixei de lado ao longo dessa experiência dramática? Mudei meu olhar sobre tudo. Estava prestando mais atenção às pessoas. E uma certeza eu tinha: queria atuar com mais profundidade em todas as áreas e a cada instante da vida.

Os cinco dias de hospital finalmente terminaram e, como das outras duas vezes, eu aguardava a tarde do domingo para estar livre dos remédios, dos fios conectados a meu corpo, do entra e sai, do sono interrompido, da dependência, 24 horas por dia, do suporte com os medicamentos. No entanto, a sonhada liberdade, dessa vez, não aconteceu – e confesso que foi uma surpresa bem desagradável. O médico veio me avisar que, por causa da alta dose de quimioterapia que eu recebera naquele ciclo, deveria tomar uma medicação adicional para evitar hemorragias na bexiga. Esse remédio também seria ministrado via catéter, precisaria da bomba de infusão por 24 horas seguidas. Ou seja, mais um dia inteiro de internação. A notícia me abateu, pois, se uma hora a mais além do esperado para estar "dispensado" cai como uma pedra sobre a cabeça, imagine 24! Não gostei nem um pouco da notícia, mas mantive a frieza que assumi desde que decidira que o tratamento seria prioridade durante o tempo que durasse e simplesmente aceitei calado o desafio adicional. Era como se meu treinador, após a conclusão da sessão de treinos combinada, me mandasse dar aquela corrida mais forte, que consome todas as energias restantes do corpo.

As 24 horas adicionais, que pareceram uma semana, se passaram, e, no dia seguinte pela manhã, eu estava em casa. Só o fato de estar fora do hospital já me proporcionou grande alívio. Era como se, de alguma forma, os problemas tivessem ficado para trás e eu pudesse abraçar minha vida normal novamente.

Apesar da sensação de liberdade, nada foi simples, pois é difícil ficar impune durante um tratamento como o meu, e, claro, surpresas desagradáveis me esperavam pelo caminho. Os primeiros dias depois da alta foram complicados. Por causa da dose elevada de remédios que tomei no hospital, dessa vez meu corpo estava muito fraco e eu me senti bastante indisposto, sem aquela euforia que batia sempre que me via liberado da internação. Queria me manter ativo e curtir o fim de mais um ciclo, mas tive que me preservar de algumas atividades, até que meu organismo aceitasse todo o rebuliço que se passava dentro dele. Aproveitei para passar os dias em casa, e as crianças curtiram ter o pai por perto. Como não sabiam muito sobre a doença, eu me esforçava para parecer bem e ajudar na lição de casa, brincar e ver televisão junto.

Em ação nas diversas provas de Ironman que disputou. O triatlo consiste nas modalidades natação, ciclismo e corrida, realizadas de maneira sequencial e ininterrupta

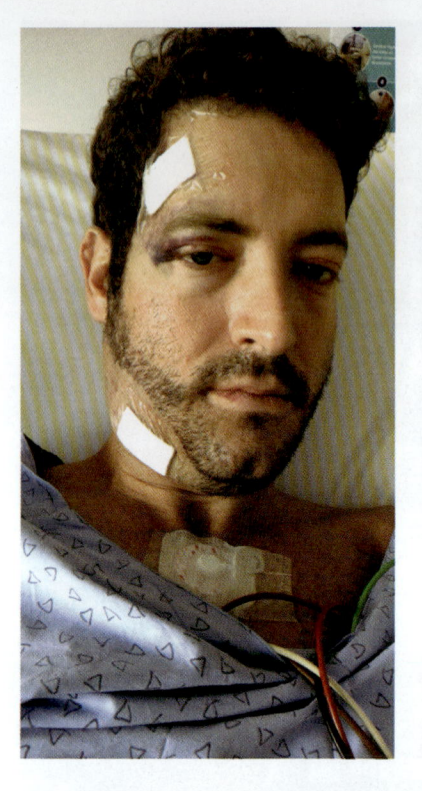

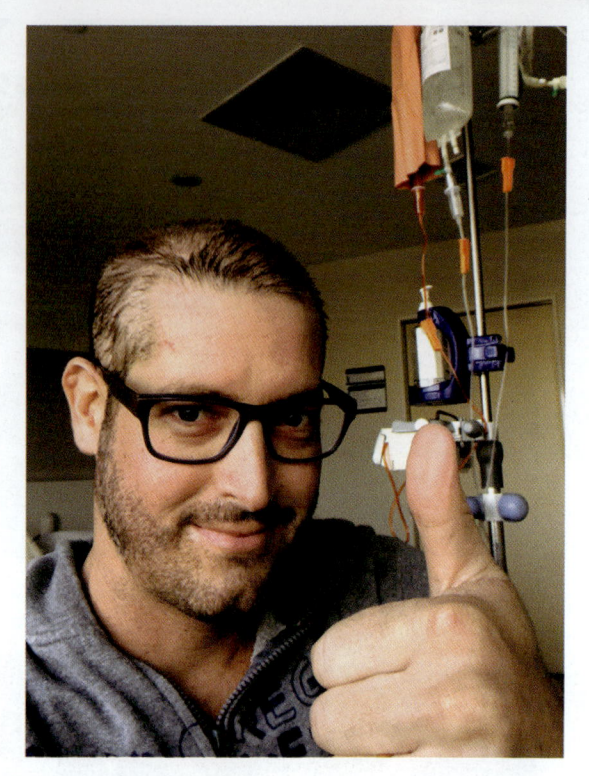

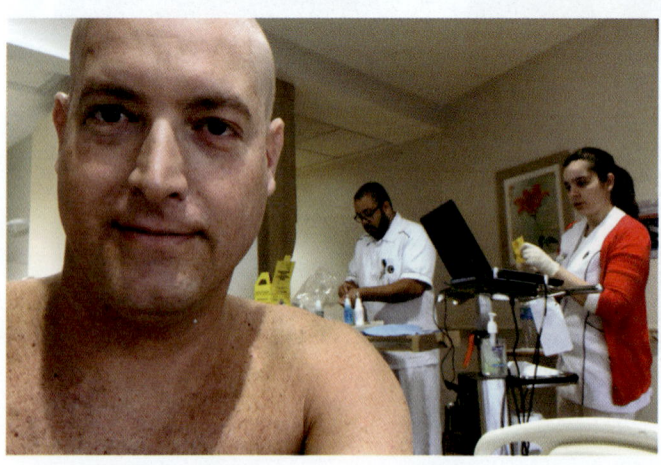

1. Primeiro dia de internação logo depois de ter desmaiado em casa. Cicatrizes na testa pela cirurgia reparadora e no pescoço para a biópsia de um linfonodo

2. Dentro do quarto do hospital recebendo quimioterapia e já com indícios de que os cabelos começavam a cair

3. Enfermeiros se preparando para começar o ritual matutino de pesar, ministrar remédios, colher sangue e glicemia

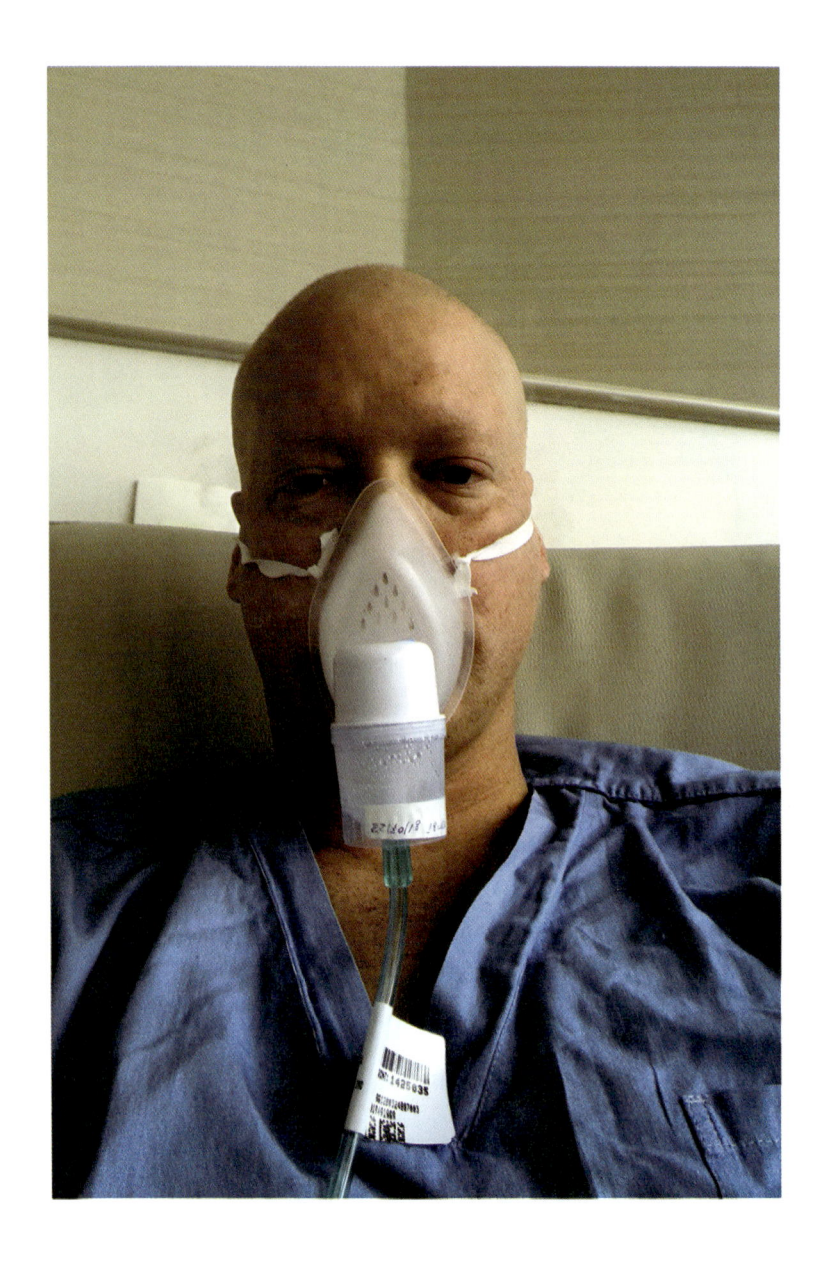

Fazendo inalação para
ajudar na congestão
nasal em um dia
qualquer dentro do
ciclo de internação

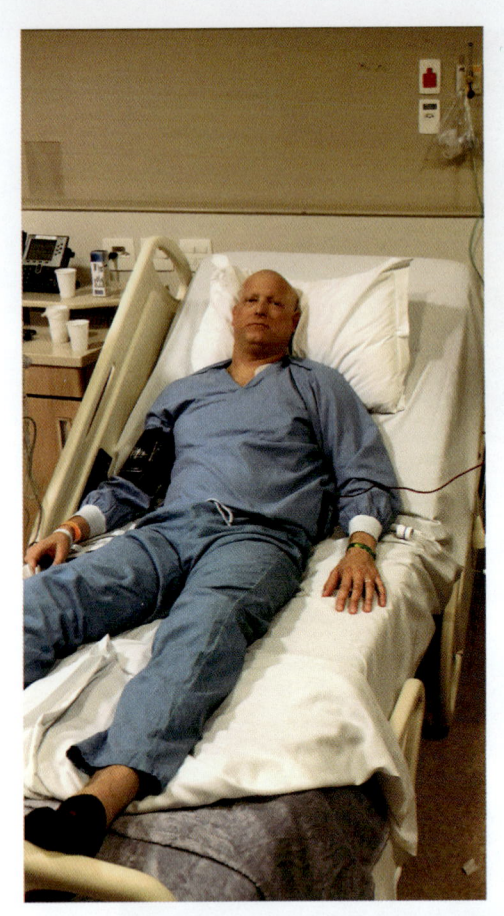

1. No leito do quarto recebendo o transplante autólogo de medula (TMO)

2. Painel com fotos para o "bolão da pega", onde todos deixavam o seu palpite sobre o dia em que a medula voltaria a funcionar

3. Festa dos enfermeiros no quarto pela "pega" da medula

1. Celebração da equipe de enfermagem pelo fim do tratamento hospitalar após sete ciclos de quimioterapia e transplante de medula óssea

2. Com minha esposa Thais e os filhos Ariella e Ronny em um dos parques da Disney após disputar o Ironman 70.3 na Flórida, em abril de 2018

1. Na casa dos meus pais em um dos intervalos dos ciclos de internação. Da esquerda para direita: meu pai Max, minha mãe Eva, minha cunhada Mônica, meu irmão Henrique, eu e minha esposa Thais

2. Comemoração do aniversário de minha esposa Thais dentro do hospital e ao lado dos nossos filhos Ronny e Ariella

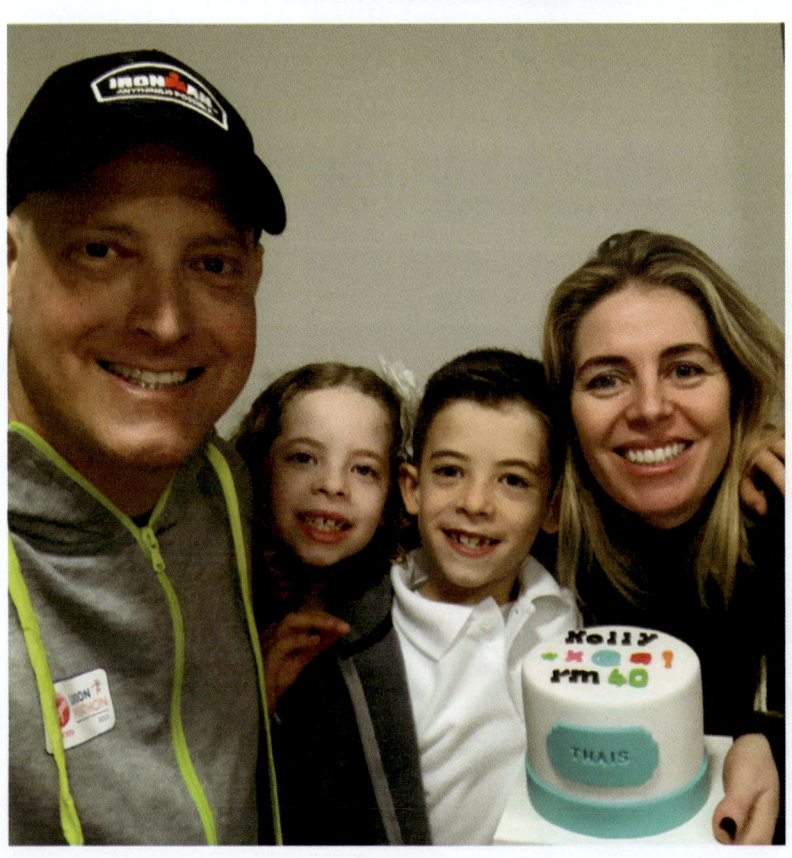

1. Desembarcando em Buenos Aires com a família, para onde se mudou ao concluir o tratamento, após ter sido promovido no trabalho

2. Com Dan assistindo a uma partida de baseball na Filadélfia dias antes da disputa do IronMan 70.3 Eagleman, parte do projeto #ThisIsAMission

1. Com Daniel Schleiniger – o Dan, criador do projeto #ThisIsAMission, mostrando a pulseirinha que simbolizava a superação e a volta ao esporte

2. Uma das visitas rotineiras dos meus amigos, que tornavam o ambiente hospitalar bastante divertido e me davam mais energia para enfrentar o tratamento

1. Em um intervalo da internação, dando uma volta por aí com os amigos Boris (à direita) e Luiz Marcelo (no centro) para descontrair e me animar

2. Com os amigos no jogo do Santos, meu time do coração, na Vila Belmiro. Da esquerda para a direita: eu, Edwin, Dan e Boris

Sem boné
e careca,
trabalhando
no escritório
durante o
intervalo das
internações

Recepção festiva realizada pela minha equipe e colegas na minha volta ao escritório após a conclusão dos ciclos hospitalares

1. Ao lado do meu mentor e treinador Murilo Santos, responsável por me tornar um atleta e levar o esporte como parte do meu cotidiano

2. Com Mario Sérgio Silva, o treinador de triatlo responsável pela minha preparação para as provas de Ironman, antes e depois da doença

1. Com Adriana Silva, minha treinadora de natação há muitos anos e responsável por me colocar em forma para disputar provas de triatlo

2. Retomando os treinamentos de natação após meses sem cair em uma piscina

3. Voltando a realizar exercícios físicos para retomar a forma após a conclusão dos ciclos de quimioterapia

Dan e eu cruzando
a linha de chegada
no Ironman 70.3 em
Eagleman, concluindo
assim nosso projeto
#ThisIsAMission

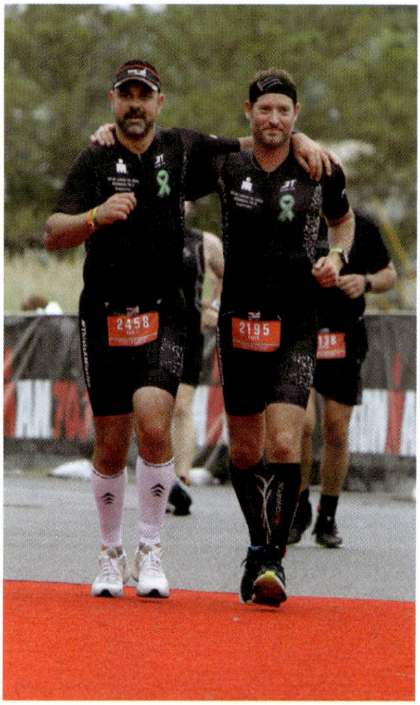
2458
2195

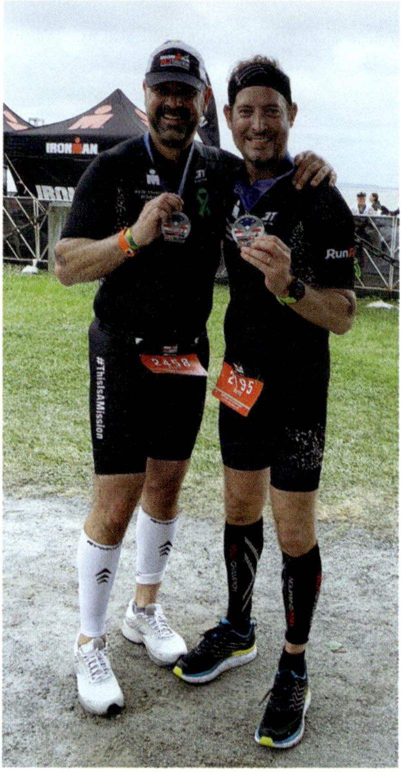
IRONMAN
#ThisIsAMission
2458

Camiseta feita pelos amigos do triatlo, que disputaram uma prova em minha homenagem

> A paciência, saber esperar sem desesperar, o controle da ansiedade, tudo isso ajuda bastante nessas horas em que o corpo pede repouso. É claro que não se pode ceder e se jogar na cama por dias, mas é importante saber escutar as demandas físicas. Foi um treino e tanto para mim, sempre ativo, concentrado, cumprindo vários papéis. Hoje percebo quanto aprendi ao atravessar esse mar revolto.

Depois que a indisposição dos primeiros dias se foi, eu me senti muito bem após a terceira internação e consegui manter uma rotina parecida com a normal. Montei uma agenda de trabalho intensa, porque queria aproveitar ao máximo minhas boas condições físicas para resolver questões importantes e coordenar as tarefas da equipe. Foram dias produtivos, que me fizeram esquecer a doença por um tempo e me convencer de que minha saúde estava excelente.

Talvez tenha exagerado um pouco no otimismo. A verdade é que, por minha aparência, que expunha os efeitos visíveis do tratamento, e por causa da preocupação das pessoas, que sempre queriam saber como eu estava, eu me via a todo momento falando sobre... o linfoma. Não tinha jeito, então passei a encarar esse interesse de maneira positiva; afinal, todos queriam ajudar. Só que às vezes coisas impróprias eram ditas, e até brincadeiras de mau gosto, sem nenhuma noção do impacto que podem ter sobre uma pessoa vulnerável, passando por esse tipo de situação. Um dia, por exemplo, fui almoçar com colegas de trabalho num restaurante a que estávamos acostumados a ir antes do meu câncer e onde conhecíamos o dono e as garçonetes. Quando cheguei lá careca, sem sobrancelha e bastante inchado dos medicamentos, a moça disparou: "Nossa, como você mudou, até parece que está com câncer". Depois do choque, respondi: "Sim, estou com câncer, algum problema?". Ela rapidamente se retirou e pediu que uma colega anotasse nossos pedidos.

De maneira geral, porém, eu me mantive feliz e focado na realização de tarefas profissionais, além de dividir meu tempo com minha família. Brinquei muito com meus filhos, fui a eventos e até viajei. Esse entusiasmo por voltar a ser "normal" só era interrompido em alguns momentos pela lembrança de que teria que me internar em breve. Essa sombra me despertava quando eu estava curtindo alguma coisa e parava de repente, como se ela espreitasse para me atacar. Era mesmo difícil; apesar de eu já estar experiente no tratamento, tinha dificuldade em aceitar que ficaria mais cinco dias em um quarto de hospital, conectado a tubos que me encheriam de medicamentos potentes, em doses cavalares, de maneira ininterrupta. E também sabia que os efeitos colaterais, à medida que o tratamento avançava, se tornavam cada vez mais terríveis.

Não era fácil manter o otimismo, mas eu me esforçava para ter apenas pensamentos positivos. E, olhando dessa maneira, conseguia até ver o lado bom – afinal, eu estava mais ou menos na metade de um tratamento que era considerado o mais eficiente. E, diante da possibilidade de ter minha vida normal de volta, qualquer dor ou sacrifício pareciam possíveis de encarar. O Ironman de Florianópolis serviu de treino para essa situação. Nada mais me assustava. Eu queria me livrar da doença a todo custo.

O quarto ciclo – dias difíceis me aguardavam

Ao contrário das noites que antecederam as internações anteriores, consegui relaxar o corpo e a mente e descansar de verdade antes da quarta vez. Brinquei com meus filhos e os coloquei para dormir, como gosto de fazer todos os dias, jantei tranquilamente com Thais, tomei um banho quente e me deitei. Tentei assistir à partida do Santos na televisão, mas minha torcida durou apenas os vinte primeiros minutos do jogo. Logo adormeci.

Minha vontade era continuar na cama e curtir o sono por mais alguns minutos, quando o despertador tocou, às seis da manhã. Então, não dava para ser fiel à vontade, que certamente funcionava como uma fuga da situação que vinha pela frente. Levantei-me, fiz abdominais, cheguei a internet para ver o resultado da partida de meu time – nova derrota... Tomei o remédio matinal e entrei no banho. Em pouco tempo, estava pronto para encarar mais uma jornada.

Por coincidência, o quarto ciclo começou também em um típico dia de inverno paulistano: escuro, frio e úmido. Era 22 de agosto. Logo cedo, antes das sete horas, eu já estava no hospital para iniciar uma nova internação. Eu me sentia bem, com a certeza de que tudo daria certo; ao mesmo tempo, uma frustração e uma tristeza teimavam em tomar conta de meus pensamentos. A verdade é que eu não queria estar ali. Sabia que teria dias difíceis pela frente e, como naquele momento havia voltado a me sentir bem fisicamente, me questionava se de fato deveria passar por tudo aquilo de novo. Só que de nada adiantavam as dúvidas – me internei sem pensar duas vezes. Eu sempre me lembrava dos momentos mais difíceis dos treinos para as provas de Ironman, aqueles em que o diabinho fica assoprando em seu ouvido "Desista disso tudo, caia fora!" e recordava que nessas horas é que mais precisamos dar atenção ao anjinho, focar os resultados e suportar as dores. E lá fui eu para um quarto da ala destinada aos pacientes em tratamentos oncológicos e hematológicos. Dessa vez, porém, fui andando e carregando minha mala pelos elevadores de visitas. Senti que havia começado bem.

Comparei a chegada ao quarto com a parada que um carro de Fórmula 1 faz no box durante uma corrida. Muita coisa acontece ao mesmo tempo, de maneira rápida e intensa. A equipe de enfermeiros entrou no quarto logo depois de mim e, num sincronismo incrível, em poucos minutos eles haviam completado os procedimentos, meus velhos conhecidos. Deitado e um pouco abalado pela dor inerente ao manuseio do catéter, respondi a uma série de perguntas feitas por um enfermeiro sobre minha condição física.

Assim, tornei-me de novo um paciente no sentido mais literal da palavra. Só com muita paciência para aguentar tudo aquilo de novo. Pensei que teria um pouco de folga quando os enfermeiros finalmente saíram do quarto, mas logo a nutricionista chegou. E claro que eu já tinha minha listinha mental de pedidos – nem sorvete e isotônico de minha preferência ficaram de fora!

Antes de começar a ministrar a medicação, os enfermeiros me levaram para o setor de imagens do hospital para repetir o exame PET-CT, que eu tinha feito na primeira internação e que detectou os focos de câncer. Seguiam o protocolo do tratamento, que indica que a imagem deve ser repetida na metade dos ciclos de químio, para verificar o nível de evolução, ou involução, da doença. Eu já sabia sobre esse exame desde a última alta, depois de dois meses de tratamento, e minha expectativa era enorme, mas mantinha a certeza de que o *status* da doença era de involução e não me contentaria com menos do que isso. Afinal, eu estava me sentindo bem e os efeitos da quimioterapia sobre meu corpo não tinham sido tão fortes. Ao mesmo tempo, confesso que, durante todo o período que fiquei em casa, isso não me saiu da cabeça. Não sei se estava preparado para uma notícia ruim.

Manter o nível de expectativa sempre positivo ajuda muito, mas momentos de dúvida e de medo nos assombram sem aviso prévio. Muitas vezes, acabamos por tomá-los como prenúncio de algo ruim, principalmente quando esperamos por resultados de exames. Acho que o importante é não deixar o fantasma se materializar e tentar afastá-lo, custe o que custar.

O exame é relativamente rápido: cerca de vinte minutos dentro de um aparelho parecido com o da tomografia. Como é indolor, dá até para relaxar e curtir uma soneca. O único incômodo é que requer doze horas de jejum de carboidrato e quatro horas de jejum total. Meu horário estava agendado para as 8h30, e minha última refeição havia sido o jantar na noite anterior. Acontece que somam-se aos vinte minutos outros noventa de espera após a aplicação de um contraste. Ou seja, ao fim, foram três horas desde que saí do quarto, e eu sentia uma fome gigantesca.

Quando voltei, minha mãe estava em seu posto me esperando. Os médicos apareceram para saber como eu me sentia e, enquanto providenciavam algo para eu comer, me informaram que aumentariam a dose da quimioterapia mais uma vez. A decisão, baseada no protocolo de tratamento para meu tipo de linfoma, se deu porque as taxas de células responsáveis por minha imunidade (neutrófilos) não haviam caído a níveis muito baixos (neutropenia), conforme o esperado. Não entendi nada! Como as células que garantiam minha imunidade deveriam cair muito? Eu achava que, se isso acontecesse, seria motivo de muita preocupação; eles, porém, me explicaram que o fato de essa queda não ter acontecido comigo até aquele momento podia ser encarado como elogio – sim, um elogio, pois isso demonstrava que meu organismo estava saudável e resiliente. No entanto, para o sucesso do tratamento, era fundamental que a neutropenia acontecesse durante algum dos ciclos. Estava explicado o aumento de mais 20% da dose de químio naquele momento.

Apesar disso e de minha preocupação com os efeitos colaterais resultantes dessa elevação, no dia seguinte tive a melhor notícia que poderia ter após aqueles dois meses de sofrimento, agonia e apreensão desde a descoberta do câncer. Para minha felicidade e a de todos que me acompanhavam nesse longo calvário, o resultado do PET-CT feito no dia anterior mostrou grande involução dos linfonodos doentes, que haviam chegado a níveis "fisiológicos", ou seja, índices normais em qualquer ser humano. Na prática, era como se estivesse livre daquele mal.

A felicidade dos médicos que me deram a notícia me contagiou de tal maneira que mal consegui segurar a emoção. Foi difícil conter as lágrimas. Era quase como se eu tivesse cruzado novamente a linha de chegada e escutado mais uma vez a tão esperada frase: "David, você é um ironman". De repente, aquele enorme peso saiu de minhas costas e renovou a certeza de que eu voltaria a ter uma vida normal em breve.

Naquele momento, eu havia ganhado uma batalha importante, mas faltavam algumas lutas para a guerra terminar de verdade. Apesar do resultado altamente positivo do exame, pequenos focos da doença ainda precisavam ser erradicados. Tudo bem; afinal, eu estava na metade do tratamento, que ainda levaria mais dois meses. Até lá, toda a medicação, a profilaxia e os cuidados deveriam ser mantidos. Mesmo assim, essa excelente notícia tornou minha quarta internação no hospital muito mais leve.

O dia seguinte à grande notícia foi um dos melhores desde que o câncer fora descoberto. Eu estava eufórico e fiz questão de contar tudo para familiares, colegas e amigos que haviam demonstrado preocupação comigo durante os dois meses de agonia. Foi muito emocionante sentir a reação de cada um deles, a satisfação e a alegria com que responderam ao comunicado. Senti minhas energias renovadas, e nem mesmo os efeitos normais da medicação – empachamento do estômago, falta de apetite e cansaço além do normal – me perturbaram. Nada me abalaria em 23 de agosto de 2018.

O restante do quarto ciclo transcorreu normal. Apesar da dose adicional de medicamentos, não senti efeitos colaterais além dos que já havia experimentado nos ciclos anteriores. Diante da boa notícia sobre o resultado do exame, nada mais me incomodava. Estava feliz e me sentia "cumprindo tabela" antes de voltar para casa.

Toda a animação, porém, foi por água abaixo logo que saí do hospital e as coisas mudaram de rumo. Os primeiros momentos em casa depois da alta sempre foram difíceis, já que em geral são necessários ao menos dois dias até o corpo "digerir o veneno" da químio. No entanto, o tempo foi passando e os efeitos colaterais da dose aumentada dos remédios teimavam em me atormentar. Sentia imenso cansaço, que parecia não passar nunca, o estômago sempre cheio, enjoos e um resfriado constante que não me permitiam continuar com a rotina que mantive nos intervalos dos ciclos anteriores. Apesar disso, eu ainda ia todos os dias ao ambulatório hematológico para a injeção infernal e a coleta de sangue para exames de acompanhamento.

Tentava manter o ânimo, mas estava apreensivo. Sabia que a neutropenia aconteceria em algum momento, só que ninguém gosta de se sentir mal. Menos ainda de esperar que a imunidade caia violentamente, mesmo que faça parte do tratamento. Tentei me resguardar ao máximo, mas não podia deixar de sair com minha família e curtir meus filhos. Não tinha restrições; os médicos haviam me aconselhado apenas a respeitar meu corpo e não passar dos limites. Nesse período, talvez eu tenha até abusado um pouco nas diversões em família, mas eram a única maneira de ficar feliz em meio àquele mal-estar constante.

Esse "abuso" me deixou bem debilitado, e, quando mais precisava de motivação, veio um novo baque. Durante uma consulta de rotina, meus médicos disseram que haviam decidido acrescentar mais um ciclo ao tratamento. Parecia uma notícia ruim, mas na verdade era o contrário: o procedimento estava evoluindo além das expectativas, e meu prognóstico era altamente positivo. Confesso que naquele momento não entendi direito a proposta e mais uma vez não gostei do que ouvi, claro. Na minha cabeça, já que estava indo tudo bem, eles deveriam reduzir as doses, não aumentar. No entanto, tinha o compromisso de confiar nos médicos e, sobretudo, nos tratamentos avançados. Eu me lembrei dos treinos, quando terminava de pedalar uns 150 quilômetros e, feliz, achando que iria descansar, o treinador mandava correr por mais uma hora e meia.

> Não há dúvida de que a luta contra a doença fica muito mais fácil quando a gente tem a sorte de estar em um hospital incrível, com uma equipe médica de primeira, com tudo conspirando a favor. Eu sei muito bem que grande parte das pessoas não tem acesso às facilidades que eu tive e entendo que devo agradecer por isso todos os dias.

Eu seria submetido ao transplante de medula óssea (TMO), que é realizado para acabar de vez com o problema e prevenir que ele volte a se manifestar. Ou seja, teria um desafio extra para garantir a tranquilidade para sempre. Quando entendi isso, respirei fundo e encarei a informação como uma daquelas notícias ruins que, na verdade, acabam sendo boas. Ainda assim, essa etapa do tratamento não seria nada fácil. No meu caso, os médicos optaram por um TMO autólogo, a mais simples de três opções, que é feito com as próprias células-tronco do paciente, coletadas, congeladas e reservadas. Após a coleta, eu precisaria ser submetido a uma bomba de químio, com doses de duas a cinco vezes mais fortes que as das etapas anteriores, com o objetivo de eliminar as ainda restantes células doentes do organismo. O passo seguinte seria infundir em mim as células-tronco reservadas.

O TMO costuma provocar uma queda acentuada no número de células do sangue e praticamente anula a medula. Ou seja, a imunidade cai muito, eliminando todos os mecanismos de proteção do corpo e predispondo-o a sofrer com todo tipo de infecção. Por isso, é fundamental que o paciente fique isolado durante o tratamento. Eu teria que ficar internado por mais ou menos um mês, até que a medula "pegasse" (segundo o jargão médico) novamente, ou seja, começasse a produzir células sadias, capazes de restaurar os níveis normais de imunização.

Fiquei completamente em choque ao ouvir aquilo. Não foi nada fácil digerir a novidade. Bateu um frio na barriga, que me fez questionar se eu realmente estava melhorando. Aos poucos, porém, fui estabelecendo um paralelo da situação com as provas de longa distância a que estava acostumado. Defini que essa nova etapa do tratamento seria como aquelas horas em que as condições do clima mudam de repente, tornando o percurso mais difícil e desafiador. Quem faz um Ironman sabe que a melhor cura para uma dor durante a prova é encontrar outra dor mais forte. Assim, fui me convencendo de que completaria o percurso e superaria as adversidades, como sempre fizera até ali.

Apesar do abalo que tive com a notícia, repeti para mim mesmo um lema comum para quem pratica esportes: *No pain, no gain*, ou seja, sem esforço não há ganho. Mas meu maior problema naquele momento era bem mais concreto: ainda não havia me restabelecido completamente dos efeitos do quarto ciclo do tratamento e já entraria em outro processo bem complexo. Não deu certo. Durante o fim de semana, surgiram várias lesões em minha boca e minha língua. E elas cresceram a ponto de me impedir de comer alimentos sólidos e de falar corretamente. Primeiro, pensei ser uma reação a algum alimento mais ácido que havia comido – com a imunidade baixa, o corpo não tem forças para se defender de substâncias a que não está acostumado. Isso fazia sentido para mim, mas a verdade se revelou bem mais complicada.

Era segunda-feira e, apesar dos incômodos, resolvi trabalhar. Com fortes dores na boca e praticamente sem conseguir falar, tive que voltar para casa no fim da manhã. Precisava descansar. No caminho, telefonei para a equipe médica de plantão no hospital, relatei o problema e perguntei se eles poderiam me examinar. Minha intenção era sair de lá com uma receita para um medicamento que resolveria aquelas prováveis aftas. Não foi o que aconteceu. Para minha decepção, durante a consulta, percebi que minha situação era um pouco pior do que eu imaginava. Quando a médica que me examinou pediu uma segunda opinião para uma colega mais experiente da equipe, vi que algo mais grave estava acontecendo. Não deu outra. Logo fui informado de que estava com mucosite, uma reação à quimioterapia, considerada normal, mas cujo tratamento – por causa da intensidade – precisava ser feito no hospital. Portanto, eu seria internado novamente. Haja resiliência!

Do consultório, fui encaminhado para o pronto socorro oncológico, onde tive que me submeter a uma bateria de exames: ultrassom de boca e pescoço, raio X de peito e tórax e uma coleta de sangue. Em seguida, os enfermeiros começaram a administrar remédios intravenosos pelo catéter. No fim da brincadeira, o que seriam apenas "aftas" para qualquer pessoa normal para mim significou quatro dias internado tomando antibióticos e recebendo laser dentro da boca para tentar cicatrizar os ferimentos. O período, infelizmente, incluiu o aniversário de 40 anos de Thais. Havíamos planejado uma comemoração em família e estávamos felizes porque a data cairia entre dois ciclos de quimioterapia. Nada feito. O que nos restou foi cortar o bolo com as crianças no quarto do hospital. De qualquer maneira, prometemos celebrar essa data marcante de um jeito especial quando o pesadelo terminasse.

8. Foco nos pequenos objetivos – um passo de cada vez

Passei por dias bem difíceis após o quarto ciclo de tratamento. Mesmo assim, em 12 de setembro, voltei ao hospital para a quinta fase da quimioterapia, ansioso para começar a tomar os remédios. O fim do pesadelo se aproximava, e minha expectativa de estar curado logo só crescia. Queria deixar tudo aquilo para trás o mais rápido possível. Sabia que seriam mais cinco dias de infusão constante de medicamentos fortes, que gerariam novos efeitos colaterais terríveis, mas estava pronto para enfrentar o sofrimento.

Nessa hora, mais uma vez lancei mão da comparação com as etapas do Ironman, o que me foi muito útil: era como se estivesse chegando ao fim do percurso de bicicleta, depois de mais de seis horas de exercícios intensos. No momento em que alcançamos mais ou menos metade da prova, temos consciência de que os músculos vão doer e que será muito difícil controlar nossa mente. Para piorar as coisas, ainda falta uma eternidade para cruzar a linha de chegada. Apesar de todas essas previsões pessimistas, sabemos que estamos treinados para enfrentar esse tipo de adversidade e que nada vai atrapalhar nosso objetivo. Com esse espírito em mente, até me senti bem ao rever os médicos, o pessoal da enfermagem e os técnicos do setor hematológico-oncológico que vinham me tratando desde o começo do desafio. Era como se eles fizessem parte da equipe de apoio nessa prova extremamente difícil que eu aos poucos completava.

Ao todo, eu já havia passado mais de trinta dias nas mãos desses profissionais competentes e atenciosos. Quando enfrentamos uma batalha que demanda todos os nossos esforços, sentir que quem está ao lado realmente se importa é uma das coisas que mais nos fortalece. E acho que eles nem aguentavam mais olhar para minha cara; afinal, por causa da internação inesperada para curar a mucosite, havia recebido alta fazia menos de uma semana e já passaria mais cinco dias nas mãos da turma novamente!

O tratamento contra o câncer varia muito não só conforme o tipo de tumor mas também devido às condições físicas do paciente e à forma como ele responde aos procedimentos; de toda maneira, é sempre sofrido, emocionalmente desgastante. Algumas notícias são aterradoras em determinados momentos e parecem prenunciar o pior. O apoio da família e a confiança nos médicos e na equipe trazem um grande benefício e proporcionam segurança ao paciente.

Depois do *check-in*, seguimos o roteiro preestabelecido nas internações anteriores: inseriram os cabos que conduziriam os medicamentos ao catéter do peito e conversei com a nutricionista sobre a dieta dos dias seguintes. Nem ficava mais apreensivo com os procedimentos, pois já havia absorvido a rotina e até brincava com a situação. Em poucos minutos, eu deixava mais uma vez de ser uma pessoa normal para me tornar um paciente. A pior coisa era o fato de estar conectado a um andador, que restringia minha mobilidade.

Claro que nunca é bom ficar internado, mas me apeguei à ideia de que o tratamento estava acabando. Ao todo, teria mais dez dias de internação e depois "apenas" a fase final de consolidação. E isso ainda nem fazia parte das preocupações que me consumiam naquele momento.

Os dias se passaram de maneira relativamente tranquila. Sentia as mesmas dores e o mesmo cansaço dos ciclos anteriores, mas, a essa altura, eles já não me assustavam tanto, eram meio conhecidos. Voltando à analogia com o esporte, procurava enfrentá-los como o sofrimento de vários dias de treinos longos de bicicleta e corrida. Com a rotina, aprendemos que tudo vai passar. Assim, esses desconfortos perdem um pouco a importância e descobrimos como minimizar seus efeitos.

Contrariando as ordens de meus superiores e dos médicos da empresa, que queriam que eu não me preocupasse com o trabalho e me concentrasse 100% em minha recuperação, novamente aproveitei a internação para tratar de assuntos importantes que haviam ficado na lista de pendências profissionais a que não consegui me dedicar na íntegra. Eu adoro meu trabalho e, assim como o esporte, não consigo ignorá-lo. Além disso, a rotina do hospital pode ser extremamente solitária nas horas em que ficamos sem visitas e familiares no quarto. Sabia que voltar para os temas espinhosos e as responsabilidades do dia a dia me fariam bem. Estávamos em um momento importante do planejamento de negócios da companhia, e eu queria muito contribuir para a melhora dos resultados de 2018, além de dar início ao plano do ano seguinte.

Fiquei muito preocupado com meu emprego e com minha carreira desde o início do tratamento. Como a gente faz quando tem que ficar um tempão fora de combate e a cabeça não pode se manter 100% no trabalho? Ao mesmo tempo, a compreensão dos profissionais da empresa me deu tranquilidade. Quando voltei, ainda fui recebido com um café da manhã delicioso, num escritório todo enfeitado com faixas e bexigas em minha homenagem, uma verdadeira festa. Nunca achei que fosse tão querido lá. E fiquei pensando se faria a mesma coisa por alguém que trabalha comigo. Hoje eu sei que sim, que essas coisas são importantes, mas, antes disso tudo, será que teria feito uma festa para um colega?

Eu me sentia tão disposto que voltei a dar caminhadas matinais pelos corredores da ala em que estava internado. No segundo dia, passei a andar também no período da tarde e um pouco à noite. Era como se estivesse treinando em três períodos, já pensando nos próximos objetivos esportivos. O projeto #ThisIsAMission não saía da minha cabeça. Em alguns meses, estaria de volta a um Iron 70.3. Cada caminhada de cerca de vinte minutos, acompanhada sempre de uma *playlist* de músicas estimulantes, me dava mais energia para vencer os problemas que o coquetel de remédios gerava em meu corpo.

Com a prática de exercícios, também tentava perder um pouco de peso. Já haviam se passado quase quatro meses desde meu último treino. E, nesse meio-tempo, por causa dos efeitos colaterais, optei por não realizar muita atividade física. Acho que, inconscientemente, queria me abster de me exercitar, porque acreditava que essa sensação de privação me traria mais vontade de treinar quando estivesse recuperado. Não tive nenhuma restrição médica para malhar, mas, de qualquer maneira, acredito que meu corpo não conseguiria aguentar esforços, mesmo moderados.

O problema é que essa abstinência teve seu preço. Meus músculos, até então torneados por anos de treinos, começaram a ficar flácidos, meu abdômen se tornou mais saliente e meu peso simplesmente deu um salto. Durante todo o tratamento, fiquei cerca de 5 quilos mais pesado que o normal. E esse número ainda subia em alguns momentos – chegando a quase 10 quilos –, como quando eu tomava remédios com cortisona, que causam muito inchaço. Confesso que não era nada fácil me olhar no espelho!

Além do baque emocional de não me reconhecer naquele físico meio disforme, nesse ciclo precisei superar a tristeza de passar o aniversário dos meus filhos internado depois de já ter passado o da Thais nessas mesmas condições dias antes. Nesse caso, porém, já sabíamos que isso aconteceria e, depois de pensar bastante e conversar com minha esposa, precisei tomar uma decisão. As opções eram atrasar o início do ciclo para estar com eles na comemoração ou manter a data estipulada pelos médicos para recomeçar e enfrentar o abatimento de, pela primeira vez, não festejar, ao lado de quem mais amo, o dia mais importante para eles.

Não foi fácil, mas conversamos muito e entendemos que nesse momento não deveríamos mexer na programação do tratamento, que havia sido estipulada segundo critérios médicos e que, acima de tudo, estava dando certo. Foi difícil dizer às crianças, prestes a completar 8 anos, que o pai delas estaria no hospital bem na data da festa e que não poderíamos celebrar juntos. Esse 14 de setembro foi um dia melancólico demais para mim. Do quarto do hospital, restou-me falar com eles várias vezes por telefone e videoconferência. Queria muito abraçá-los e compartilhar da alegria contagiante que tomou conta de meus pequenos na festinha que fizeram com os amigos da escola. No entanto, tive que me contentar com fotos e vídeos enviados pela Thais. Senti o peito apertado o tempo todo. Não foi fácil.

Para compensar, no dia seguinte, fizemos outra festa, no quarto do hospital, com direito a bolo, docinhos e "Parabéns". Assim pude matar as saudades e finalmente comemorar com os dois. Ficamos juntos quase o dia todo e até jantamos na companhia de amigos e familiares. O sofrimento de não estar com eles no dia do aniversário foi amenizado pela festa posterior, e acho que tomei a decisão certa de não adiar o início do quinto ciclo. No fim, meus filhos ficaram felizes – e eu também.

> **Durante internações, quando perdemos comemorações, a sensação é ruim, fica um vácuo no peito, mesmo que a culpa não seja nossa. Nesses momentos, ter em mente que haverá outros encontros e festas e que recuperaremos o tempo perdido ajuda – o importante é estar bem quando isso acontecer. É difícil, mas possível.**

Faço aqui uma pausa para relatar um episódio que mudou meu olhar sobre aquilo que não é concreto e lógico. Sempre fui muito prático e racional, mas algumas coisas que aconteceram durante meu tratamento transformaram minha maneira de pensar. Sou de família judia não praticante; no entanto, no hospital, fragilizado, acabei me aproximando da religião. O principal motivo para isso foi um fato que me emocionou muito e que também me fez pensar na importância da generosidade.

Antes de estar doente, de vez em quando – e mais por insistência da minha mulher –, frequentávamos uma sinagoga e levávamos as crianças para que elas tivessem contato com a religião. O rabino da congregação é jovem e nós nos damos bem, ainda que eu vá lá mais ou menos uma vez por ano. Todos os meses, porém, colaboro financeiramente para que crianças da comunidade judaica possam receber educação básica sobre a religião. No entanto, desde os 13 anos, visito a sinagoga no Yom Kipur (Dia do Perdão), que é a celebração mais importante para os judeus. Nessa ocasião, gosto muito de ouvir o toque do *shofar*, instrumento de sopro, um chifre – geralmente de carneiro –, cujo toque tem um significado repleto de energia positiva e simbologismos, como um grito de guerra contra maus pensamentos e ações. Esse simbolismo me toca profundamente, e pela primeira vez não podia cumprir o tradicional ritual de jejuar e ir à sinagoga na data. Isso mexeu comigo. Então, fiquei muito surpreso quando o rabino, inesperadamente, me enviou um WhatsApp perguntando o número do meu quarto, pois estava no hospital e queria tocar o *shofar* especialmente para mim. Achei tão generoso e significativo. Mais uma vez, eu me peguei às lágrimas. Quando escutei o som, parecia que um jato de bondade invadia meu corpo. Um sentimento estranho me encheu de energia e coragem.

Tudo correu bem no quinto ciclo, e meus exames deram bons resultados. Assim, tive alta no dia programado e fiquei animado com a possibilidade de manter a rotina na volta para casa. Eu sabia, porém, que, depois de tomar uma quantidade de medicação tão alta, meu corpo se encontrava cada vez mais debilitado. Por isso, tive que redobrar os cuidados para evitar problemas que pudessem causar uma nova internação inesperada. Fiquei mais atento ao uso de máscaras e gel antisséptico.

Alguns dias depois de voltar à rotina, uma coincidência me deixou ainda mais ligado espiritualmente. No primeiro dia de outubro, na sinagoga, decidi participar de uma cerimônia em que dançamos com a Torá, o livro sagrado da religião judaica. Era uma segunda-feira, e, se fosse em outros tempos, eu teria dado uma desculpa para não ir à festa, já que não sou muito fã dessas coisas, como relatei antes. Certamente, diria que precisava treinar cedo no dia seguinte ou que tinha muito trabalho e ficaria em casa. Mas minha esposa insistiu um pouco, falou que haveria atividades para as crianças, comida japonesa e que iríamos encontrar alguns amigos. Como o rabino havia ido ao hospital, achei que participar da cerimônia seria uma boa maneira de agradecer-lhe.

Em dado momento, todos no recinto estavam alegres e dançando ao redor da Torá, inclusive minha mulher. Eu, afastado da bagunça, como sempre, só observava as pessoas e conversava com um amigo. De repente, alguém me puxa pelo braço e me joga no meio da dança. Era o rabino, que, no movimento seguinte, me fez segurar o livro sagrado. Foi a primeira vez que isso ocorreu, já que em geral os frequentadores assíduos são os quem têm esse privilégio. Ele me escolheu e disse que era importante que eu o segurasse firme e pensasse em coisas boas. Fiz como ele pediu, só que não aguentei muito tempo, porque ele é pesado e minhas forças debilitadas não ajudaram. Logo devolvi a Torá para ele.

Devagarinho, retirei-me da dança e voltei para o canto. Queria retomar o papo com meu amigo, mas ele não havia conseguido se desvencilhar da turma e seguia para lá e para cá dançando com os demais. Já querendo voltar para casa – afinal, havia cumprido minha missão –, mas esperando minha esposa, que não parava de conversar com amigas, e meus filhos, que estavam a mil com os monitores, dei uma olhada no celular. Bastou eu desbloquear o aparelho para receber uma mensagem do meu chefe, o Dan, dizendo que precisava falar comigo. Respondi perguntando se era urgente, ao que ele disse que não. Meia hora depois, já em casa, liguei para ele e recebi a notícia que iria mudar minha vida outra vez, mas profissionalmente e de maneira muito positiva, ainda que isso sacrificasse nossa proximidade. Ao desligar o telefone depois de uma hora de conversa, logo me lembrei do rabino e de ter segurado a Torá. Sei que foram apenas coincidências, mas pensei se não havia alguma ligação.

Na conversa, Dan me comunicou que estava deixando a empresa. Senti um baque imenso, um misto de tristeza e vazio parecido com o de quando soube que estava com linfoma. Não quis acreditar e até me sentei num sofá próximo. Além de ser uma das pessoas mais importantes em minha trajetória profissional recente, logo no início do meu tratamento, Dan havia criado o projeto #IronMan2019 #ThisIsAMission, em que ele, relativamente sedentário, treinaria para realizar um Ironman comigo após minha cura! Foi um pacto que fizemos, e prometemos que nada o quebraria. O projeto foi um dos grandes incentivadores para minha cura e seria também para meu retorno ao esporte!

Não estava preparado para aquilo e, na situação em que me encontrava, precisei buscar serenidade para lidar com a notícia. Durante a conversa, porém, ficou claro para mim que, por questões pessoais, ele estava muito feliz em ter aceitado a proposta de outra empresa, que lhe oferecera mais qualidade de vida.

No entanto, a opção dele e nosso distanciamento físico abriram para mim uma importante oportunidade profissional. A vida é feita de perdas e ganhos. Com a saída de Dan, fui convidado para assumir seu cargo. Ou seja, mesmo tendo que dividir as tarefas profissionais com o tratamento do linfoma, recebi uma promoção e atingi a posição mais alta da área. Essa atitude da empresa me deixou ainda mais confiante, porque percebi que meu trabalho havia sido valorizado, apesar de não ter, naqueles meses, desempenhado minhas funções da maneira como estava acostumado. Sabia que dali para a frente os desafios aumentariam muito, mas tudo isso me encheu de motivação para me curar logo e assumir o novo cargo, com todo o comprometimento possível.

> Entre as coisas que aprendi ao longo de minha saga, uma delas foi não reclamar por bobagem. Por exemplo, a empresa me deu uma força incrível. Desde o primeiro dia, tive muita tranquilidade para me cuidar da melhor maneira possível. Eles insistiram que eu focasse o tratamento e esquecesse as obrigações – e ainda me promoveram. Também me dei conta de que a gente muitas vezes não dá valor ao que tem, fala de coisas sem importância e de picuinhas e esquece que há uma porção de gente boa ao lado, no escritório e na vida em geral, torcendo de verdade por nós.

Assim, quando terminei o tratamento, ofereci um almoço aos membros da sinagoga. Esse é um ato considerado bastante nobre e tem como intenção agradecer por estar vivo e próximo dos entes queridos. Fiz questão de cumprir todo o ritual, inclusive os famosos brindes *Le Haim*, uma expressão que significa "à vida" e que obriga os presentes a virar um copo de vodca. Nem me lembro de quantos *Le Haim* fizemos. Só não pude contar aos médicos! Já meio alegre pela bebedeira, fiz um discurso sobre a história da promoção e como isso fez com que eu me aproximasse um pouco mais do judaísmo. Não vou me tornar religioso, mas hoje estou mais aberto a esses sentimentos. Respeito o sagrado. E frequento mais a sinagoga para dar um abraço nos amigos, rir com eles e levar meus filhos para brincar.

O sexto ciclo – o último!

O dia 3 de outubro foi muito aguardado por mim e Thais. Finalmente havia chegado o último dos seis ciclos do tratamento. Entrei cedo no hospital, voltei ao andar de sempre, revi a já querida e companheira equipe de enfermagem e relaxei. Sabia estar em boas mãos nessa corrida final rumo à cura.

A fase posterior, de consolidação, também seria bem complicada, mas, se tem uma coisa que aprendi com as provas de Ironman, é que devemos dar um passo de cada vez para alcançar a linha de chegada – e eu usei aquele método de quebrar em pequenos objetivos para "enganar" a mente. Não adiantava ficar pensando no futuro. O negócio era encarar o desafio de agora.

Logo que entrei no quarto, a equipe de enfermagem checou meu peso. Fiquei chocado quando vi o número no mostrador: 83,5 quilos! Sabia que havia engordado um pouco entre os ciclos, mas a ficha só caiu quando percebi que era a primeira vez que chegava a esse peso! Para piorar, a enfermeira comentou que, na última internação, eu havia chegado ao hospital com 81 quilos.

A ausência total de exercícios, aliada a um apetite imenso por guloseimas, cobrava seu preço. Apesar do susto, sabia que era questão de tempo e tinha certeza de que poderia retomar minha forma física assim que voltasse à vida normal, quando rapidamente, e com força de vontade, perderia o sobrepeso e reconquistaria os músculos que haviam atrofiado.

> Na batalha contra o câncer, percebemos mudanças de aparência ao longo do tratamento – inchaço, queda de cabelos e sobrancelhas, sobrepeso, pele amarelada, flacidez muscular etc. Todas são perturbadoras para quem se olha no espelho e não consegue se identificar. Nessa hora, vale lembrar que isso tudo é passageiro, é o passaporte para ter a saúde de volta.

Saber que o tratamento estava no fim aumentou muito a ansiedade para voltar a me exercitar. Não aguentava mais ficar parado e a vontade de treinar era imensa, até porque estava me sentindo bem. Mesmo com algumas restrições médicas e preso ao suporte que carregava as drogas da quimioterapia, coloquei a roupa de ginástica que maliciosamente já havia levado na mala e fiz longas caminhadas pelo corredor da ala em que estava internado. Sim, estava preparado para assumir meu lugar na vida!

Antes de me internar, refiz a *playlist* do celular e separei alguns vídeos motivacionais no YouTube. De certa maneira, quase imperceptivelmente, esse conteúdo me desconectava da realidade, e aquelas simples caminhadas eram como se eu realmente estivesse em uma prova. Durante essa última internação, andei uma média de 3 quilômetros diários, indo e vindo pelo corredor, passando pela porta dos quartos ocupados por pacientes em situações similares à minha. Eu parecia um animal prestes a ver a jaula se abrir.

Parece incrível para um esportista, mas o cansaço depois daquelas caminhadas era tremendo. Ainda assim, a alegria de enxugar alguns pingos de suor recompensava a exaustão que me obrigava, depois, a descansar por horas. Eu perseverei – não ia perder o jogo no último tempo! Minha persistência acabou sensibilizando os enfermeiros, que me brindaram com uma garrafa de isotônico para repor energias. Quanto mais próximo do fim, maior a ansiedade de voltar a nadar, pedalar e correr. No entanto, ainda precisava ter paciência.

Como no fim do quinto ciclo sofri uma forte neutropenia, a equipe médica optou por diminuir em cerca de 20% a potência dos medicamentos. Com isso, os efeitos colaterais foram mais brandos. Apesar de já estar debilitado pelo acúmulo de drogas dos quatro meses de tratamento, reagi a esse ciclo e pude levar uma vida relativamente tranquila no hospital. O livro deslanchou.

Chegou, enfim, a hora de conversar com a equipe médica sobre os detalhes do que aconteceria dali para a frente. Isso porque, antes da alta total, eu ainda me submeteria ao transplante de medula óssea, uma espécie de "sétimo ciclo", mas bem diferente dos anteriores.

Esse transplante é um protocolo relativamente novo na hematologia moderna e tem como finalidade consolidar o tratamento quimioterápico. Em outras palavras, ele dá um *reset* na medula óssea para que ela passe a produzir somente células sadias. A notícia desagradável é que eu precisaria ficar internado durante o período da neutropenia, cerca de uma semana depois da alta do sexto ciclo, a fim de realizar o procedimento de coleta das células-tronco, que depois seriam injetadas, encerrando, assim, o processo do transplante. A internação era obrigatória para garantir que o procedimento fosse feito no pico mais baixo dos níveis de leucócitos. Como é uma intervenção delicada e que exige congelamento das células, eu precisaria ser monitorado e passar por um preparo antes da coleta.

Depois da alta do sexto ciclo, saí do hospital, no dia 8 de outubro, uma segunda-feira chuvosa e fria, e fui para casa feliz, mesmo sabendo que poucos dias depois voltaria para uma nova internação. A última.

Faço aqui mais uma pausa para contar sobre a experiência de conviver com outros doentes – ninguém quer ver pessoas nas diferentes fases por que já passou; é um *revival* doloroso. Pois bem, durante todo o tratamento, como já contei, precisei ir quase diariamente ao hospital para tomar uma injeção para estimular a imunidade. Essa rotina era um verdadeiro exercício psicológico. Tenho médicos na família, mas nunca me acostumei muito com hospitais e outros lugares cheios de doentes. Por isso, passar algumas horas todos os dias em um ambiente desses foi algo realmente novo para mim. Estou sempre rodeado de pessoas saudáveis, esportistas que esbanjam endorfina, e achei difícil me acostumar com o clima meio sinistro do ambulatório oncológico, onde o silêncio impera e o assunto da sala de espera são prognóstico e efeitos colaterais de medicamentos.

A vida, porém, é cheia de ensinamentos, e, apesar do clichê da frase, foi naquelas visitas que comecei a entender a expressão "existe uma realidade bastante diferente daquela que eu vivia". Quando não estava internado, tentava esquecer a doença. No entanto, para todos os lados que olhava enquanto esperava para tomar minha injeção, só via doentes e folhetos sobre prevenção de câncer ou sobre o que fazer para ter um tratamento mais tranquilo. No combate a essa sensação asfixiante, esforcei-me para que a rotina fosse mais suave: me aproximei dos enfermeiros, conhecia as recepcionistas pelo nome e, após um tempo, acho que até me tornei querido por lá. Mantive esse comportamento durante os seis intervalos de dez dias em que tive que comparecer ao ambulatório. Quando terminei os ciclos, senti até um pouco de saudade daquela turma incrível e extremamente solidária. E renovei meu encanto com a beleza das atividades relacionadas à saúde e aos cuidados.

Isso tudo me trouxe de volta a lembrança de tempos de garoto, quando meu pai me levava para visitar seus pacientes nas tardes de sábado e nas manhãs de domingo. Eu via a maneira humana e carinhosa com que ele tratava os doentes e o respeito que recebia dos familiares, mas não tinha condições de entender bem o significado daquilo. Meus olhos ficavam mais presos aos fios ligados ao paciente e, em geral, ao ar inerte deles. Dessa maneira, quase intuitivamente, ir ao hospital tantas vezes deixou de ser um pesadelo e virou mais uma atividade rotineira. Só não consegui me acostumar às dores insuportáveis das injeções que tomava na barriga. A tal Granulokine era implacável e atacava os ossos como se eu tivesse acabado de subir em um ringue para lutar contra um campeão de vale-tudo. A principal função da injeção é estimular a medula a produzir células, e esse processo acaba sendo extremamente doloroso. Eu me considero bastante resiliente e não gosto de reclamar de dor, mas confesso que não foi nada fácil conviver com a sensação diária de ter tomado um chute forte na parte inferior das costas. E quando, por alguma razão, a dor na medula diminuía, ela fazia questão de incomodar outras áreas ósseas do corpo, como bacia, joelhos e cotovelos.

Passei noites em claro, remexendo-me na cama para encontrar conforto antes de me render a uma medicação que trazia apenas um pouco de alívio para a dor, porque, infelizmente, ainda não há remédio capaz de impedir os efeitos do estímulo à imunidade. Para não me sentir tão péssimo, durante todo o tempo eu tentava focar uma só coisa: retomar os treinos. Queria de volta minha rotina estressante, sonhava em acordar de madrugada e viver cansado por causa dos treinamentos. Procurava não perder tempo pensando em doença.

> O esporte me ajudou demais; durante todo o tratamento, eu procurava pensar sempre nas atividades físicas, em voltar a treinar, e já me enxergava na disputa de outro Ironman. Pode parecer obsessão, mas colocar algo que eu amo como meta, como processo, como comparativo, se mostrou fundamental. Cada pessoa tem algo que a estimula e, em uma situação como a minha, esse recurso é extremamente válido.

9. A etapa final: o transplante de medula

No sábado, 13 de outubro de 2018, exatos quatro meses após a descoberta do linfoma, voltei ao hospital para finalizar o tratamento com o transplante de medula óssea. Enfim havia chegado a hora da fase que me libertaria das internações e da químio, quando então eu teria minha vida de volta. Os médicos coletariam minhas células CD-34, que mais tarde seriam reintroduzidas em meu organismo para estimular a medula a produzir apenas células sadias, e, assim, eu ficaria livre de um possível retorno da doença. Era um misto de alegria por acabar com tanto sofrimento e ficar completamente bem e temor do desconhecido – afinal, eu sabia, na teoria, o que haveria nessa etapa final. Um frio no estômago me atingiu: era o receio dos efeitos, como na primeira químio. Nessa hora, meu otimismo foi providencial, foi ele que relembrou que, depois dessa fase, eu resgataria a vida que levava antes de esse tsunâmi me atingir.

Dei entrada no hospital no momento em que minha imunidade começou a cair depois da conclusão do sexto ciclo de quimioterapia. Como esperado, cheguei com cerca de 200 neutrófilos – índice mais baixo que o normal, já que o limite mínimo é 500 – e com tendência a cair ainda mais. Nos dois dias anteriores, os níveis estavam em 10 mil e 7 mil, muito altos, devido à dolorosa injeção diária. Os médicos esperavam que a redução continuasse – como nos ciclos anteriores – e, para diminuir riscos de possíveis infecções e doenças, precisei ficar isolado e sob cuidados médicos estritos.

Tentei me manter otimista, mas aconteceu um contratempo – além da queda esperada dos leucócitos, minha hemoglobina (proteína dos glóbulos vermelhos responsável pelo transporte do oxigênio) caíra abaixo dos níveis aceitáveis. Por isso, precisei receber uma transfusão de sangue, que não estava prevista. Esse pequeno problema me assustou. Desde a primeira internação – quando todos os exames apresentaram níveis alterados e acabei recebendo mais de cinco bolsas de sangue –, nunca mais havia precisado de transfusões. Foi preciso conter a ansiedade, colocar a cabeça no lugar para aceitar que esse resultado era apenas um dos possíveis e afastar qualquer pensamento negativo.

Então, houve mais um tempo de espera, já que a coleta das células só poderia ser realizada quando minha imunidade melhorasse. Nos ciclos anteriores, isso começava a acontecer, em média, três dias após a queda acentuada. Era comum passar esse tempo "neutropênico" – com índices de neutrófilos abaixo de 500 – e meu organismo reagir logo, estimulado pelas injeções que aceleram a produção de leucócitos pela medula e propiciam a dor infernal.

Essa internação foi diferente das outras, pois logo no início os médicos decidiram triplicar a dose de Granulokine, o que me provocou nos ossos e nas juntas dores ainda mais insuportáveis que as já experimentadas. Se a quantidade normal já me deixava arrasado e me fazia tomar vários analgésicos a cada refeição, com o nível triplicado precisei de medicação intravenosa para não surtar.

Apesar de todo o sofrimento, com uma dor descontrolada, nessa internação não tive que ficar conectado a nenhum tubo nem fazer exames de controle a toda hora. Os analgésicos eram ministrados por catéter, assim como a coleta de sangue. Portanto, estava livre de arrastar o suporte para todo lado, o que facilitou minhas caminhadas pelos corredores e a mobilidade geral no quarto. Ponto positivo.

Como um estímulo para tornar essa internação mais tranquila e me encher de vontade de acabar logo com o tratamento, no dia em que cheguei ao hospital houve o Campeonato Mundial de Ironman, em Kona, no Havaí. Já que não havia muito a fazer, comemorei o fato de poder acompanhar a transmissão do evento ao vivo pelo computador – era algo que sempre tive vontade de fazer, mas, por causa da rotina corrida, nunca conseguira. Afinal, que pai de família e profissional dedicado pode ficar mais de oito horas ininterruptas assistindo a uma competição? Desfrutei cada minuto da prova e pude fantasiar que um dia estaria lá, participando. Relaxei sob efeito de analgésicos e me concentrei no momento. Fiquei absolutamente encantado com a natação perfeita do australiano Josh Amberger, que por pouco não quebrou o recorde do percurso; com a bike insana do também *aussie* Cameron Wurf, que não poupou esforços para fazer o melhor tempo do dia; e, claro, com a corrida rápida e perfeita do alemão Patrick Lange, que ultrapassou vários rivais nos 42 quilômetros para cruzar a linha de chegada em primeiro lugar, quebrar o recorde da competição em quase 10 minutos e levar o bicampeonato.

Foi muito bonito assistir à disputa feminina entre a tricampeã suíça Daniela Ryf e a britânica Lucy Charles. A inglesa realizou uma natação sem falhas, quebrando a marca da competição, e saiu forte para o pedal. Daniela, que teve problemas na água, começou o percurso de bicicleta 9 minutos atrás da adversária. Com um ritmo alucinante, similar ao dos homens, tomou o primeiro posto faltando apenas 20 quilômetros para o fim. Depois, só precisou administrar seu lugar na corrida e garantir o tetracampeonato de Kona, com uma marca 20 minutos abaixo de seu recorde anterior!

Eu assistia ao campeonato e me via retomar os treinos. Se pudesse, já o faria no dia seguinte. Minha ansiedade aumentava, até porque eu sabia que o prazo para o tratamento ficar no passado estava diminuindo – assim como o tempo para o Ironman 70.3 Eagleman que eu faria com o Dan no ano seguinte pelo projeto #ThisIsAMission. Contagem regressiva para coisas boas!

O pior tinha passado. A sensação era parecida com a de chegar à área de transição de uma prova após seis horas pedalando: um sentimento de alívio ao saber que poderia descansar um pouco, retomar as energias, recuperar o foco e encarar a última etapa, a corrida. Antes, porém, era necessário fazer a coleta das células sadias, motivo de minha internação. E era preciso esperar que meus níveis de imunidade (leucócitos) voltassem ao normal. Eles estiveram baixos ao longo do fim de semana, e era esperado que na segunda-feira a quantidade retomasse a curva ascendente para que, na terça-feira, desse tudo certo.

Foi um fim de semana de muita expectativa, com Thais, como sempre, me dando aquela força. Depois das seis sessões de químio pelas quais havia passado, acontecia exatamente isso. Em geral, às terças-feiras, oito dias após as altas hospitalares, eu me sentia bem de novo. Esse, inclusive, era o dia mais esperado, aquele em que me livrava da famosa injeção de Granulokine. Dessa vez, porém, a sorte estava a meu favor: os exames de sangue de segunda-feira registraram uma alta da imunidade bem acima do esperado: um índice de 34, muito superior ao mínimo de 10 e 12. No cômputo geral de tempo, isso não significava muito, mas, para quem havia passado tantos dias internado, antecipar a saída em 24 horas era um sonho, um prêmio.

A boa notícia resultou em mudanças de planos e agendamento urgente do procedimento de coleta, um exame bastante interessante e... desagradável. É parecido com o processo de doação de sangue, em que uma bomba extrai o líquido de seu corpo, armazenando-o em uma máquina. Em seguida, há uma filtragem, e as células CD-34 se separam dos demais componentes e são devolvidas ao corpo. Ou seja, na prática, o sangue sai pelo braço direito e retorna pela mão esquerda. O processo todo durou seis horas, durante as quais todo o meu sangue foi filtrado quatro vezes.

Nesse meio-tempo, os braços devem permanecer imóveis; ou seja, não é possível fazer absolutamente nada, a não ser assistir à televisão. Até tentei usar o celular, mas desisti depois que fiz um movimento mais brusco com a mão e levei um banho de sangue quando a agulha saiu da veia. As seis horas, porém, passaram mais rapidamente quando Dan veio me visitar e engatamos uma boa conversa sobre assuntos profissionais e pessoais. Aproveitamos para falar sobre a transição de funções. Ele abriu o computador e virou a tela em minha direção para que eu acompanhasse os arquivos e as planilhas que eu assumiria. Ficamos um bom tempo entretidos, e quase me esqueci do procedimento pelo qual estava passando.

Durante todo o processo, sabia da possibilidade de ter que repetir a dose no dia seguinte. Segundo os médicos, entre 20% e 30% dos pacientes não conseguem ter colhida a quantidade necessária de células de uma única vez. Fiquei apreensivo, pois na minha cabeça já havia "ganhado" 24 horas, não queria retardar minha volta para casa. Ainda mais porque, apesar da visita, foi bastante incômodo passar seis horas em uma cama sem poder me mexer. Ao terminar o exame, já de noite, comecei a arrumar a mala, certo de que no dia seguinte iria embora. Pouco depois, o médico do banco de sangue me ligou para dar a grande notícia: haviam conseguido coletar o dobro da quantidade necessária de células. Portanto, não seria necessário repetir o exame. Abri um sorriso, compartilhei a alegria com minha família e dormi feliz. De fato, estava louco para ir embora.

Sabia que teria que retornar ao hospital na semana seguinte para a internação final, mas, naquele momento, minha cabeça estava mais voltada para o trabalho que para o tratamento. O que mais queria era ir para o escritório e comparecer à reunião de planejamento anual, da qual todo o conselho da empresa participa. Eu, como novo membro desse grupo, não perderia a oportunidade de maneira nenhuma. Fiquei em casa na terça-feira para me recuperar da internação e, no dia seguinte, fui o primeiro a chegar à empresa e me dirigir à sala de reuniões. Participei das discussões e recebi as boas-vindas formais do CEO. Foi um momento de muita emoção, pois seria o último dia de Dan, meu chefe até então. E, como ele mora nos Estados Unidos, eu sabia que demoraria a revê-lo. Pelo menos tínhamos o projeto #ThisIsAMission: realizaríamos um Ironman 70.3 juntos para celebrar o fim do meu tratamento.

Ao fim da reunião, emocionado e com os olhos marejados pelas homenagens, fui almoçar com o chefe de recursos humanos. Falamos sobre a proposta e os desafios da nova função. A conversa estava indo muito bem, até que ele me contou que, para assumir o cargo, eu teria que me mudar para a Argentina, onde fica a sede da empresa, em algum momento de 2019. Confesso que essa possibilidade havia me passado vagamente pela cabeça, mas só então percebi que era oficial, que não teria escolha. Naquela hora, senti um frio na barriga só de pensar em tudo o que seria necessário para deixar o Brasil e começar uma nova vida na terra dos *hermanos*: escola das crianças, emprego da esposa, familiares, amigos, apartamento, bens etc. O chefe do RH logo me tranquilizou e disse que me dariam todo o apoio para a mudança. Mesmo assim, com todos os altos e baixos que aconteceram em minha vida naqueles seis meses, não foi uma notícia fácil de digerir. Além da saúde, ainda teria que administrar mais uma grande transformação na rotina da família. Estava muito feliz pela oportunidade e satisfeito por atingir o ápice da minha carreira profissional com apenas 39 anos, mas certamente a mudança implicaria mais um grande desafio.

Fui correndo contar a novidade para Thais. Dessa vez, não usei as técnicas que funcionaram tão bem quando disse que havia me inscrito em um Ironman e que isso iria mudar nossa rotina familiar. Fui direto ao ponto. Ela estava contente com a promoção, só que, como eu, ficou um pouco atônita ao imaginar tudo o que teríamos que passar para encarar esse novo desafio. Tínhamos encarado a competição e, logo depois, a luta contra a doença; fazia muito tempo que nossa rotina não era estável.

Nos dias seguintes, esquecemos completamente o tratamento. Nosso único objetivo foi aceitar a mudança e pensar nos passos a dar dali para a frente. A verdade, porém, é que acabou sendo mais fácil do que a gente pensou. A cada dia, passamos a gostar mais da ideia e, em poucas semanas, estávamos convencidos de que morar na Argentina seria uma grande oportunidade de recomeço. Ficamos tão empolgados que já queríamos até antecipar a mudança para aproveitar o começo de um novo ano letivo. No entanto, eu precisava aguardar a liberação total dos médicos.

A doença, de certa forma, até me aproximou mais de minha mulher. Eu tenho me policiado para ser um marido melhor. Voltamos a sair uma vez por semana para passarmos um tempo juntos, conversarmos. Às vezes nem fazemos nada importante, mas é um momento nosso, de atenção total um ao outro. Eu também fiquei mais ligado a algumas coisas que, na correria do dia a dia, parecem pequenas. Quando você tem filhos, acaba dedicando todos os minutos livres para eles e esquece que o casal precisa de um momento a sós. Eu e Thais sempre conversamos muito, sobre tudo, sempre tivemos assunto: trabalho, problemas, diversões, viagens, futuro. Só que, nos últimos tempos antes da doença, não arrumávamos tempo para esses papos. A verdade é que, fora da rotina, a gente mal se falava. Durante o tratamento, quando ela ia para o hospital, nós nos sentávamos no quarto só os dois e conversávamos. Não sobre a doença, mas sobre a vida. Isso nos fez lembrar como era bom estar mais juntos. Mudar de país certamente nos aproximaria mais ainda.

A preparação para o transplante

Não foi nada fácil dormir na noite anterior à derradeira internação, marcada para 22 de outubro, segunda-feira, data em que começaria a me preparar para o transplante. Fui tomado por ansiedade e apreensão. Parte de mim queria pular da cama rápido e ir para o hospital, enfrentar o começo do fim da sofrida trajetória desses quatro meses. Na verdade, eu queria que tudo terminasse logo; estava cansado da rotina do hospital, sonhava em ficar mais tempo com minha família e voltar para o trabalho, me dedicar à nova função.

O fato é que, às seis da manhã em ponto, cheguei para me submeter a mais um PET-CT, primeira etapa da última fase do tratamento. A preparação para esse exame, como nas outras vezes, foi incômoda e exigiu paciência, mas tudo isso era secundário diante da ansiedade para realizar o teste e saber os resultados.

Após o procedimento, finalmente subi para o quarto da ala dos transplantes. Assim que entrei, percebi que as restrições seriam maiores que nas internações anteriores. Tive que trocar minha roupa por aquela camisola do hospital e passei o dia inteiro usando máscara de proteção. Médicos, enfermeiros e qualquer pessoa que entrasse no quarto faziam o mesmo. Aquilo me assustou um pouco, mas relaxei e entrei no jogo.

Passados alguns minutos, os médicos entraram com uma cara péssima. Como já os conhecia, fui logo perguntando o que havia acontecido. Eles me contaram que, por conta de um perceptível resfriado – eu de fato estava com uma congestão nasal forte –, teriam que investigar o vírus causador e, dependendo do resultado, o início do procedimento seria adiado. Fiquei uma fera, não havia conseguido dormir direito na noite anterior, estava morto de fome e ainda tive que ouvir uma notícia dessas! Ainda assim, fiz minha irritação durar pouco e me acalmei ao me lembrar da importância de manter a serenidade nos momentos difíceis. Quantas vezes não quis mandar o treinador para aquele lugar quando estava cansado e ele pedia que eu corresse, pedalasse ou nadasse mais rápido? Ou quando estava num treino longo e, em dado momento, queria abandonar tudo, mas não podia? Respirei fundo e encarei a notícia como mais um desafio.

Os médicos pediram exame de cultura para vírus e outros. Horas depois, veio o imenso alívio. Estava tudo normal; portanto, eles poderiam seguir em frente com o calendário estabelecido. Por ter que trocar o catéter por outro mais adequado, antes da químio-bomba, tive que me submeter a uma pequena cirurgia e um longo jejum.

Resultado: por causa do horário agendado para o procedimento, fiquei quase vinte horas sem comer nem beber nada! Haja resiliência.

A cirurgia demorou cerca de duas horas e foi bem-sucedida: o novo catéter, instalado do lado esquerdo do peito, estava pronto para uso. Assim, às cinco da tarde do dia 23 de outubro, iniciei o tratamento. Essa data foi considerada o começo do transplante autólogo. A equipe médica a chamava D-7. Isso porque seriam seis dias de infusão de medicamentos, terminando no D-2. O D-1 seria dedicado ao descanso, e o transplante em si aconteceria no D-0.

O início da quimioterapia-bomba, com doses dos medicamentos muito superiores às que eu havia recebido nos seis ciclos anteriores, desencadeou uma série de efeitos colaterais inéditos e bastante desagradáveis. Logo na primeira noite, por exemplo, tive dor de barriga, uma cólica intestinal que não me lembro de ter sentido antes em toda a vida! Precisei tomar um remédio intravenoso para conseguir relaxar e dormir.

A potência dos remédios também foi responsável por uma mudança na rotina da internação. O contato com as pessoas foi reduzido ao máximo, sem visitas de amigos e as divertidas bagunças. Fiquei praticamente isolado, e quem pretendia entrar no quarto tinha que apresentar um comprovante de vacina de gripe, vestir máscara e avental apropriados. Sair do leito, nem pensar! Thais novamente esteve comigo quase diariamente nesse período. Ainda que tivesse que redobrar o cuidado e a atenção – sem muitas vezes nem sequer poder tocar em mim –, a presença dela era importante, já que era a única pessoa com quem eu podia me abrir 100% sobre o que realmente sentia: medos, ansiedades, esperanças, sonhos etc.

Até mesmo minha comida precisou passar por adaptações. Os médicos me proibiram de ingerir qualquer alimento que não fosse da cozinha oficial do hospital, e pratos, talheres e copos foram substituídos por descartáveis. Acabaram-se os chocolates trazidos pelo Boris e os doces com que minha mãe me presenteava a cada visita.

Como se não bastassem o isolamento e o estresse do controle total de quem chegava, eu precisava anotar em uma folha de papel a quantidade de líquidos ingerida de hora em hora! Fui o mais obediente possível, mas confesso que em alguns momentos tive que chutar quanto eu havia bebido de água. Mas foi um bom exercício, pois aproveitei para criar uma rotina de hidratação, que me seria útil no esporte depois, já que ingerir líquidos nunca foi meu forte.

Em condições normais, eu teria autorização para sair do quarto e caminhar, como nas vezes anteriores, mas dessa vez deveria usar o avental e a máscara. Aquelas andanças pelos corredores haviam me feito muito bem nos ciclos anteriores. Porém, o resfriado que me importunava desde antes da internação acabou me impedindo de sair do quarto. Eu portava um vírus com potencial de contaminação, e a equipe de infectologistas do hospital me proibiu de ter contato com outras pessoas.

Passei a semana toda trancado, tentando fazer o tempo passar ao escrever este livro, trabalhando remotamente e descansando, até que um exame comprovou minha melhora. Foi como se tivesse me afastado dos treinos por causa de uma viagem ou de uma contusão. Com a melhora, retomei as caminhadas, e os poucos metros do corredor se transformaram, em minha cabeça, em vários quilômetros rumo à linha de chegada de uma competição importante. Coloquei os fones de ouvido novamente e passei a andar de lá para cá, sempre parando nos postos médicos da outra ala para dar um alô aos enfermeiros e aos médicos.

Apesar da dose mais forte da quimioterapia, depois da primeira noite não senti efeitos colaterais muito diferentes daqueles dos ciclos anteriores. Meu corpo acusava o golpe, mas eu estava encarando bem as dificuldades. Foi exatamente o que senti na maratona durante o Ironman. À medida que os quilômetros vão passando, o cansaço e as dores começam a ficar mais intensos. Você sabe que vai alcançar a linha de chegada, mas tem consciência de que para isso precisará sofrer mais um pouco. O desafio naquele momento era manter o pensamento positivo e acreditar que a batalha já estava ganha – e o fim dela, próximo.

Entrei numa contagem regressiva para o término das sessões de quimioterapia e o começo do transplante. A última foi na manhã do domingo de 28 de outubro. Minha sensação era de ter superado mais uma etapa importante do desafio.

Começa a contagem – 30 de outubro é o D-0

Os preparativos para o transplante foram relativamente tranquilos, mas eu estava ansioso e assustado com o procedimento. No dia anterior, considerado de descanso porque não tive que tomar tantos remédios, aproveitei a imunidade boa e a disposição para investir meu tempo no trabalho. Encarei como uma segunda-feira normal e passei o dia na frente do computador e ao telefone, como se estivesse em *home office*.

Quando alguém faz um transplante, a equipe de enfermagem da unidade hematológica, com a ajuda do time de recreação do hospital, costuma fazer um "bolão da pega", ou seja, um banco de apostas para adivinhar em quanto tempo a medula será atingida pelas células e retomará suas funções. Eu me diverti ao saber dessa aposta e observei os enfermeiros, que rapidamente preencheram a tabela com previsões para meu caso. Assim, soube bem quem era mais ou menos otimista entre eles. Competitivo que sou, ficava bravo quando um dos que havia estimado um prazo mais longo que o meu entrava no quarto. Minha aposta, a propósito, foi D+10.

A brincadeira era tão organizada que, para o bolão, criaram um cartaz com fotos minhas, cujo tema, claro, era o Ironman. A ilustração trazia o percurso de uma prova de triatlo em que a linha de chegada era a "pega". Foi divertido, porque, nessas situações, assim como numa prova esportiva, ter em mente objetivos pequenos e de curto alcance é fundamental para manter o equilíbrio psicológico e chegar ao fim.

Na véspera de uma competição de longa distância, a ansiedade domina o corpo e fica muito difícil ter um sono tranquilo. É aquele momento em que o filme do treinamento, as palavras dos técnicos, a estratégia e o medo de que algo não saia corretamente vêm à mente. Foi exatamente assim minha noite anterior ao transplante: eu estava agitado, irrequieto e querendo adiantar o relógio. Só que, em vez de usar as altas horas da madrugada para checar todo o material e garantir que nenhum acessório ou suplemento havia sido esquecido, a única opção era ligar a televisão e zapear de canal em canal para tentar me distrair.

Na terça-feira, 30 de outubro, por volta das sete da noite, começou o transplante, que nada mais foi que a infusão das células CD-34 que haviam extraído de mim cerca de dez dias antes. O material ficou congelado durante esse período; depois, foi descongelado em banho-maria ao lado da cama e injetado em minha corrente sanguínea. Um procedimento relativamente simples, parecido com uma transfusão de sangue e cujo processo não levou mais de cinquenta minutos. No quarto, estavam Thais, duas médicas e um enfermeiro. Tudo transcorreu conforme o previsto e, apesar de algumas reações iniciais, sobretudo tosse e vermelhidão no rosto, fiquei acordado e lúcido todo o tempo. Fui monitorado, e felizmente meus sinais vitais estavam normais. Com o fim da transfusão, consegui relaxar um pouco. Estava feliz por ter superado uma nova etapa do tratamento. Mais alguns passos e poderia cruzar a linha de chegada! Olhei para minha mulher, que abriu um largo sorriso e mais uma vez foi meu suporte emocional.

Precisei me agarrar com força à comparação dos dias que se seguiram com os últimos quilômetros da corrida do Ironman, os mais difíceis. Eles foram definitivamente os piores dos quase cinco meses de combate à doença. Logo na madrugada seguinte à infusão, comecei a ter os temidos efeitos colaterais: uma sensação de desconforto geral e um mal-estar que culminaram em uma grande diarreia. Para piorar, as vias nasais ficaram totalmente entupidas, provocando dor de cabeça e muita coriza. No dia seguinte, acordei destruído, me sentindo um caco. Como estava com muita dor de cabeça, fui submetido a uma tomografia que detectou sinusite. Ou seja, os últimos quilômetros ainda seriam difíceis de percorrer. A boa notícia é que, em pouco tempo, os remédios conseguiram controlar os sintomas mais sérios e, um dia depois, no chamado D+2, minha saúde já estava mais estável.

A rotina no hospital depois do transplante também mudou bastante. O entra e sai dos enfermeiros no quarto era muito mais constante e, além das visitas diárias da nutricionista, havia a de um dentista, que me aplicava uma sessão de laser na gengiva e na garganta como prevenção contra a mucosite. Tinha horário para tudo e várias atividades marcadas. E funcionava como um relógio. Apesar de bastante assustado com os efeitos colaterais do transplante, a organização me passava segurança.

Os procedimentos cronometrados eram necessários porque o corpo demora a se acostumar com as novas células injetadas. Ainda que elas tenham sido retiradas do próprio organismo, este reage como se houvesse um agente estranho circulando pelas veias. Por causa desse "estranhamento" do corpo às células, meu sistema de defesa resolveu desencadear uma série de reações, que tornaram esses dias os mais difíceis de suportar desde o início do tratamento. Minhas taxas sanguíneas ficaram totalmente desreguladas. A baixa quantidade de plaquetas, por exemplo, fez com que as cavidades mucosas, como o nariz e a boca, sangrassem de maneira espontânea e contínua. Essa foi uma reação bem constante e, por causa dela, precisei receber três bolsas de sangue para que as coisas se normalizassem. Já a baixa taxa de hemoglobina me deixava esgotado. Fiquei cinco dias deitado no sofá do quarto, sem forças para me levantar. O máximo que conseguia fazer era ir dali para a cama para me deitar outra vez.

Meu estômago sofreu muito, desencadeando crises de diarreia e inapetência. Além disso, o aparecimento de feridas na boca e no esôfago, apesar do tratamento preventivo, prejudicou a ingestão de alimentos. Traçando um paralelo, senti como se estivesse passando pelos mais terríveis dias de treinos para o Ironman, ou quando estamos no quilômetro 25 da maratona, só um pouco além da metade da prova, sentindo dores inacreditáveis. É mais ou menos nessa hora que a gente jura que nunca mais vai fazer aquilo na vida.

No meio desse inferno, uma das piores coisas era passar por tudo isso sozinho, sem presença física de minha esposa, dos amigos e da família. Com a saúde muito debilitada, não podia ficar perto de ninguém. Naquele momento, o que eu mais queria era dar um abraço forte na Thais e nos meus filhos, mas tinha que me contentar em vê-los e conversar com eles pelo celular. E, nessa hora, o anjinho fica soprando no seu ouvido: "Segue em frente que tudo isso vai ficar só na lembrança!".

Eu torcia o tempo todo para que a "pega da medula" acontecesse logo, pois isso acabaria com o sofrimento. Inevitavelmente, eu me via fazendo contas para, de alguma maneira, acelerar a chegada do dia da pega e torcia para que os enfermeiros mais otimistas ganhassem o bolão. Algo maluco, mas que tenho certeza de que os atletas de longa distância vão entender: além de dividir as provas longas em pequenos objetivos, fazer contas é uma maneira de entreter a mente. É um dos segredos para a sobrevivência psicológica durante uma competição.

No hospital, eu tentava usar a tática de quebrar o tempo e enganar o cérebro. Sabia que a pega aconteceria mais ou menos no dia D+10 após a infusão. Esses dez dias se tornaram uma semana mais um "pouco". Assim, com o passar do tempo, de alguma maneira essa mentira inventada por mim para me autoenganar funcionou.

O primeiro sinal de que a medula estava voltando a funcionar aconteceu na noite do D+8 para o D+9. Durante a madrugada, comecei a sentir uma terrível dor nas costas, bem no local da medula. Era a mesma que me atacava quando tomava as injeções de estímulo à imunidade entre os ciclos de quimioterapia, mas mais intensa. Pensei que não aguentaria. Depois de passar uma hora urrando, chamei o enfermeiro e pedi um remédio que desse cabo daquele martírio. A essa altura, a dor já tinha se espalhado para a bacia e as pernas. Após alguns minutos, recebi uma dose de morfina e desejei ardentemente que ela tivesse efeito anestésico imediato. Ledo engano.

O remédio atuou apenas nas dores marginais. A região da medula seguia queimando. Era uma sensação de que meus ossos iam se quebrando devagar, como se explodissem aos poucos. Aguentei o sofrimento por mais uma hora, mas depois precisei chamar o enfermeiro e pedir mais analgésicos. Como não podia ministrar outra dose de morfina, ele me deu um comprimido de loratadina, medicamento comum destinado a alergias que, por alguma razão mágica, desconhecida pelos médicos, atua com eficácia nas dores da região da medula. Além disso, recebi na veia uma alta dose de dipirona.

Como por milagre, depois de uns quinze minutos, eu já estava totalmente anestesiado e adormecido. Acordei horas mais tarde com alta expectativa em relação ao resultado dos exames de sangue, que o enfermeiro precisou fazer justamente naquele momento em que, afinal, descansei. Estava no D+9 e, por causa das fortes dores – que são um bom sinal de produção de células –, acreditava-se que a "pega" tinha acontecido. Os resultados, porém, foram decepcionantes e não revelaram aumento expressivo nas quantidades de leucócitos e neutrófilos a ponto de configurar que a medula estava funcionando novamente.

Foi uma grande frustração, mas sabíamos que o momento estava próximo. Passei o dia me sentindo bem, e a noite foi melhor; apenas durante a madrugada tive que receber mais uma dose de dipirona, pois os incômodos teimavam em voltar, mesmo que não tão intensos.

Novo dia, nova expectativa pelos resultados da coleta de sangue feita por volta das seis da manhã. Estávamos entrando no D+10, e meu maior desejo era superar essa fase tão sofrida. A pega da medula tinha um grande significado. Muitas pessoas que já passaram por transplante dizem, inclusive, que esse momento se configura até como uma nova data de nascimento. Pois bem, por volta das sete da manhã, a equipe médica invadiu o meu quarto cantando "Parabéns pra você". Ainda estava com muito sono por causa de mais uma noite maldormida e demorei a entender o que tinha acontecido. Os enfermeiros e os médicos me arrancaram da cama para me abraçar e dizer que a partir daquele 9 de novembro de 2018 eu seria uma nova pessoa. A "pega" tinha se consolidado. E como! De uma só vez, os níveis de leucócitos subiram para 2 mil e os neutrófilos superaram os mil. Ou seja, os números não só haviam subido muito como tinham dobrado a meta mínima!

A alegria da equipe médica e dos enfermeiros me contagiou de maneira surpreendente. A felicidade e a emoção pela vitória no tratamento foram parecidas, mas bem maiores, com as que senti ao cruzar a linha de chegada do Ironman. De repente, todo o sofrimento dos últimos cinco meses passou como um filme em minha mente, e percebi que o pesadelo havia terminado. Eu me senti forte e orgulhoso por haver superado aquele enorme desafio, o mais importante de todos, a luta pela vida. Não resisti à felicidade e logo cedo comecei a espalhar a notícia. Confesso que foi difícil engolir as lágrimas nas ligações para Thais, meus pais e meus irmãos. Também fiz questão de avisar os amigos mais próximos, que me acompanharam de perto e sofreram comigo durante todos esses meses. Era quase uma recompensa para eles, que também estavam na expectativa pelas notícias que recebi nesse dia.

Foi uma sexta-feira especial. De repente, vários sintomas que tive até a pega começaram a sumir. Era como se meu corpo tivesse acordado e começado a funcionar novamente. Os enfermeiros, o pessoal da equipe de limpeza, os nutricionistas e até os responsáveis pela copa vieram me parabenizar. A notícia tinha se espalhado rapidamente pelos corredores da oncologia. Reconheço que foi um dos dias mais felizes da minha vida.

> Essa história me fez ter certeza de que tudo conspira para o bem. Foi mais um fator que desafiou minha racionalidade e meu ceticismo, essa mania de quem nunca acredita em nada que não seja fato. Hoje desconfio que é possível haver razão por trás de tudo pelo que passamos.

No entanto, apesar da felicidade e da empolgação, a "pega" não significou o fim do tratamento. Era um indicativo de sucesso, mas eu ainda teria que tomar vários cuidados até que os exames apresentassem níveis totalmente normais. A volta da medula sã pode ser comparada a uma inflamação, pois o corpo precisa se acostumar e responder se esse novo momento é benéfico ou nocivo para ele. Ainda seriam necessários cuidados para garantir a evolução constante. Uma das reações mais comuns nesse período é febre, com a qual o corpo informa que há algo estranho acontecendo.

Eu tive apenas um episódio de aumento de temperatura, ainda assim em níveis aceitáveis. Não foi nada constante, mas, por causa disso, precisei tomar antibióticos na veia. Senti uma espécie de frustração, vi aquilo como um passo para trás. Segundo os médicos, porém, tudo seguia conforme o esperado.

No dia seguinte, os resultados também foram bastante positivos: os índices de leucócitos e neutrófilos haviam dobrado em relação ao exame anterior. Ou seja, a produção da medula estava normalizada. Também não tive mais febre e, diante dessas boas notícias, minha expectativa pela alta hospitalar começou a aumentar.

Ainda era cedo para prever quando poderia ir embora, mas sabia que já estava com um pé fora daquele hospital. Na minha cabeça, já havia superado os 40 quilômetros da maratona e me via entrando na avenida Búzios, em Jurerê Internacional, para completar os últimos

2 quilômetros rumo à linha de chegada. Precisava reunir as últimas forças e gerenciar a ansiedade. Não foi fácil.

Bruna, a moça que trazia meu café da manhã, foi quem primeiro me contou que eu teria alta, no fim do período de internação do transplante. Eu pedia muita comida especial, sempre fazia palhaçada com ela, e ficamos amigos. Ela disse que constava no documento de internação que iam me liberar, mas que os médicos não podiam saber que ela havia me falado. Não contei nada para eles, mas fiquei imensamente feliz com a notícia que ela me deu. Hoje, entre minhas ponderações, está a de dar igual importância a todas as pessoas envolvidas no tratamento – eu nunca esperaria receber "alta" pela Bruna, a moça do café!

Já de alta, fiquei parado na borda da piscina do clube por alguns minutos, hesitando em pular na água. Afinal, não sabia muito bem como meu corpo, sobretudo minha cabeça, iria reagir. Um misto de emoção e alegria tomou conta de mim, quase me paralisando. Respirei fundo algumas vezes, chequei os óculos e, com um salto vertical, perfurei a piscina e comecei a nadar. Consegui fazer apenas 500 metros, parando algumas vezes para tomar fôlego e conter as lágrimas. Sentir a água e realizar os movimentos de ombros, braços e pernas já proporcionaram uma satisfação indescritível.

Na hora em que terminei, era como se tivesse percorrido uns 5 mil metros. Senti um cansaço delicioso e uma sensação de ter tomado uma dose de endorfina na veia. Menos de seis meses se passaram desde que começara a enfrentar um desafio que poderia muito bem ter sido o último: a luta contra um câncer. Sentei-me na borda da piscina, dei um suspiro profundo e constatei com satisfação: "Estou de volta!".

10. Estou de volta

O Ironman 2019 começou para mim muito antes do previsto. No dia em que descobri que sofria de linfoma, a prova teve início de verdade. Com certeza, Thais foi a grande responsável por eu ter revisto minha convicção de que me aposentaria desse tipo de disputa e também por ter me inscrito para mais uma edição. Estávamos na unidade semi-intensiva do hospital quando o dr. Nelson e sua equipe entraram no quarto para nos informar sobre a doença e o tratamento.

Passados os primeiros momentos de perplexidade, de negação e de uma grande tristeza que tomou conta de mim e de quem estava lá comigo, minha esposa começou a questionar os médicos. Thais queria saber se havia alguma chance de meu problema ter sido causado pela alta carga de treinos, pela rotina estressante dos últimos meses de preparação para a competição e por minha participação na prova, contrariando ordens médicas. Toda a equipe, de maneira uníssona e imediata, afirmou que não havia relação. Na hora, fiquei aliviado. Não havia razão para qualquer tipo de ressentimento ou arrependimento por ter realizado um de meus maiores sonhos, mas confesso que, quando ela questionou os médicos, uma sombra rápida passou em minha mente.

Nem bem os doutores terminaram de explicar que os exercícios físicos não tinham a ver com a doença, Thais, numa reação brusca, parecendo uma leoa pronta a defender seus filhotes, virou-se para mim apontando o dedo indicador e disparou: "Você vai disputar um Ironman no ano que vem. Dessa vez, quero que o faça com 100% de sua capacidade. Tenho certeza de que vai melhorar seu tempo e provar que é maior que essa doença. Eu estarei lá com você e vou te apoiar para que chegue bem". Após ouvi-la, fiquei sem reação. Sabia o que ela havia passado nos últimos meses; afinal, eu não tinha falado de outra coisa que não fosse o Ironman de Florianópolis.

Quando ouvimos o diagnóstico "câncer", é difícil não pensar na morte. Sim, todos sabemos que ela virá um dia, mas parece que, nesse momento, ela fica muito próxima, quase palpável. É horrível, a palavra que muitos nem pronunciam, todo o estigma da doença, as pessoas que conhecemos e que estão em tratamento, tudo vem ao nosso encontro. O choque inicial abate a todos, o paciente e os familiares. Se há um conselho que posso deixar aqui, é: esse é o momento de não se sentir vítima, não lamentar aquilo que não fez ou não fará, como se o diagnóstico fosse uma sentença de morte. Definitivamente não é. E esse é o momento em que toda a coragem precisa ser resgatada e colocada em alerta máximo. É preciso usar toda a energia para decretar que a hora da batalha chegou e que ela pode, sim, ser vencida. Traçar planos, não ir a nocaute. Ajudar seu corpo com a positividade: ela não vai te curar, mas certamente será fundamental para encarar tudo como se não fosse o fim, e sim o início de um longo caminho para a cura. Os percalços serão vários, e não é fácil, mas é possível.

Apesar de parecerem malucas, aquelas palavras não me saíram mais da mente durante todo o tratamento; elas serviram como uma imensa dose de endorfina e amor na luta pela cura. Naquele momento, nós nos abraçamos, nos beijamos e enxugamos as lágrimas. Em meu ouvido, Thais deixou o recado: "Só quero que você dê um jeito de a gente sair à noite, uma vez por semana, como sempre fizemos. Não quero mais desculpas de cansaço e de ter treino no dia seguinte". Claro que aceitei, feliz.

No dia seguinte, tentando não me deixar abalar demais pelo diagnóstico terrível, acessei o site oficial da edição 2019 e, com as inscrições abertas, completei meu registro, não sem titubear antes de apertar "confirmar". Isso porque, naquele momento, fui tomado por um sentimento misto. Ao mesmo tempo que o coração queria se inscrever na prova, a cabeça se questionava se era hora de assumir um novo compromisso esportivo. Ainda estava muito no início do tratamento e, apesar das perspectivas positivas, não tinha nenhuma evidência de que tudo daria certo. Resolvi arriscar. Afinal, colocara na cabeça que não havia outra opção para mim que não a cura. Mais tarde, estimulado pelo desafio lançado pelo Dan, o #ThisIsAMission, resolvi que o melhor era só fazer a prova 70.3 de Maryland, em junho de 2019, junto com ele. Teria tempo para treinar sem precisar me forçar demais. Voltei à internet e cancelei a minha inscrição para o *full*.

Minha volta ao esporte foi um processo de aprendizagem. Quando recomecei os treinamentos, haviam se passado seis meses e poucos dias de internação, contando desde que recebi a informação de que tinha um câncer grave. Precisei reabilitar não só o corpo como também a cabeça. Foi uma batalha. Cada conquista se transformou em uma grande alegria. Dois minutos além na corrida, alguns metros a mais na natação, tudo virou um objetivo. E a demanda é psicológica. Nadar 500 metros, coisa que eu fazia sem perceber, tornou-se um desafio. Correr uma hora, antes da doença, era somente aquecimento. Mas os 2 minutos trotando depois do tratamento, eu percorria com vontade, valorizando as pequenas conquistas do recomeço. Nessa retomada, às vezes eu me emocionava. Fui voltando com calma – e de vez em quando me dava conta de que, durante os meses em que passei entrando e saindo do hospital, não tinha certeza se voltaria aos esportes.

Logo que voltei a treinar, novamente contei com a ajuda do treinador e amigo Mario Sérgio Silva. Estabelecemos juntos que a planilha de treinos a ser montada iria respeitar as respostas que meu corpo dava. Após cada sessão, eu contava para ele se ficava cansado, se sentia dor ou falta de ar e como estava a variação da frequência cardíaca, e ele ia dosando os exercícios. Eu até conseguiria ir além do que estava fazendo, só que não era recomendável. Existia uma razão para seguir aquele ritmo: eu ainda estava no período de convalescença. Além disso, não podia sofrer lesões, por exemplo. Aprendi a ouvir meu corpo.

Eu havia sido informado pelos médicos de que estaria totalmente reestabelecido entre noventa e cem dias depois do transplante. Como me sentia muito bem, fui para a Disney com minha família no fim de dezembro de 2018. A viagem era para celebrar o fim de um ano certamente inesquecível para nós, principalmente pelo desfecho. Mas, no voo de ida, sofri um desmaio similar ao que deu início a todo o calvário pelo qual eu havia passado e fiquei bastante assustado. Às 3h30 da manhã, estava tentando dormir na poltrona após assistir a um filme, quando senti muito calor e comecei a suar. Depois, não me lembro de mais nada. Quando acordei, o avião estava todo aceso, e Thais pedia um médico. Meus filhos me encaravam com olhos arregalados, e meu vizinho da frente tinha colocado a mão em meu peito. Foi aquela bagunça dos passageiros que eram médicos tirando minha pressão, medindo pulso, checando sinais. Só que, ainda bem, acordei ótimo. E tomei uma bronca de Thais, que, assustada, não me deixou mais dormir. A cena de minha queda em casa, meses antes, havia passado na cabeça dela novamente. Quando aterrissamos em Miami, ela fez questão de dirigir até Orlando e ainda queria que eu ligasse para o médico para relatar o ocorrido. Mas decidi não fazer nada. Fui a todas as montanhas-russas, andei 14, 15 quilômetros por dia, só comi bobagem e tive no máximo uma dor de cabeça. Mesmo assim, na viagem de volta, Thais não só não me deixou dormir como passou o voo todo me perguntando se estava tudo bem. Logo que chegamos ao Brasil, fiz exames e os resultados foram normais.

Antes de viajar e depois da alta do transplante, eu havia me submetido a duas das três sessões de quimioterapia intratecal, que consiste de injeções na região lombar para ajudar na remissão total da doença e não exige internação. Eu havia feito a segunda delas na quinta-feira; na sexta, trabalhei o dia todo e ainda houve aquela correria de arrumar as malas. Então, até pegar o avião de noite, não descansei nem um minuto. Na volta, quando fiz a terceira aplicação, Thais foi comigo e contou sobre o desmaio da viagem – o médico explicou que eu não poderia ter pegado um avião logo depois da injeção. Segundo ele, tive uma queda de pressão, ligada ao fato de o procedimento – que é bastante invasivo e exige descanso posterior – ter acontecido imediatamente antes ao estresse daquele dia. Respiramos aliviados!

Depois disso, apesar de não ficar pensando no assunto o tempo todo, passei a tomar alguns cuidados extras, inclusive nos treinos.

Comecei a correr só na academia, onde sempre tem gente em volta e ar-condicionado, e tentei ser mais disciplinado. Apesar de achar que os exercícios estavam aquém do que eu poderia fazer, não me esforcei além. Procurei também regular melhor a alimentação e a hidratação, meus pontos fracos, e perder peso, o que, por causa dos remédios, foi muito difícil. E não pude tomar suplementos, que são necessários para um atleta nesse tipo de treino, porque eles podem comprometer a imunidade.

Quando completei o Ironman em maio de 2018, já doente e contrariando os conselhos dos médicos, eu sabia que estava preparado. Como não me sentia 100%, fiz em um ritmo tranquilo. Tinha certeza de que seria sofrido, mas que conseguiria terminar. Só que eu havia encarado os treinos com seriedade. Era um sacrifício tremendo, e tudo girava em torno do esporte. Eu ia ao cinema com minha mulher e ficava pensando em como não prejudicar a corrida do dia seguinte. Para tomar café da manhã com a família no domingo, acordava às quatro da manhã para correr 30 quilômetros no Ibirapuera. Hoje posso reavaliar a vida e ser mais comedido, sentir meus limites e respeitá-los.

Para o Ironman do projeto #ThisIsAMission, em junho de 2019, eu me preparei de maneira muito diferente. Minha vida estava bem mais atribulada, cheia de viagens e de novidades no trabalho. Sempre tentava usar as academias dos hotéis, mas já não encarava mais como obrigação. Havia completado meu sonho. E sabia que, como meu corpo tem a memória muscular do esporte que pratiquei a vida toda, não seria tão difícil fazer um 70.3. Era mais fácil para mim que para o Dan, que nunca havia participado de um Ironman.

Também decidi tomar várias precauções em relação à minha segurança nessa volta. Em nenhum momento fiz treinos fortes como antes. Além disso, como a competição era um projeto de reafirmação da vida, do qual eu participaria com meu amigo, não havia nenhuma pretensão de bons desempenhos. Queria cumprir o que combinamos porque era uma ideia bacana, que me ajudou num momento crucial. Dessa vez, nem treinei com o grupo da assessoria esportiva. Fiz tudo sozinho, seguindo as instruções que recebia do treinador pelo celular.

Quando não conseguia treinar, não via problema nenhum, e não coloquei a prova à frente da família ou da profissão. O esporte ajudou na minha cura, e sei que serei um atleta a vida toda, mas, daqui para a frente, de maneira mais equilibrada. Foi bom completar o Ironman *full*, mas está feito. Essa experiência eu já tive.

Retomei gradualmente a rotina de treinos para o 70.3 de Maryland, sem grandes esforços. No entanto, três semanas antes da prova, comecei a me sentir mal e fiquei apavorado. Quando a gente passa por um abalo como o meu, fica traumatizado. No fim, porém, era só uma gripe. Estávamos de mudança para Buenos Aires e, no meio da bagunça, tive que dormir em um colchonete no chão do quarto, em um fim de semana de muito frio. Minha imunidade caiu, e acordei gripado. Mesmo assim, demorei um pouco a procurar o médico. Quando fui, ele me deu um remédio e disse que estava tudo bem. Só que, uns dias depois, desmaiei de novo, em casa, de manhã, mas consegui me segurar e só machuquei um pouco o braço. Parti direto para o hospital. Fiz vários exames e não acharam nada. No fim, concluíram que o desmaio podia ter sido causado pela dipirona que tomei antes de dormir e que, por algum motivo (talvez porque meu batimento cardíaco seja mais baixo devido ao esporte), causou essa reação.

Thais havia ido comigo ao médico e logo foi perguntando se eu poderia fazer a prova. Ela já havia visto esse filme antes. Ele disse que sim, mas que eu não devia mais treinar; devia deixar o corpo descansar e curar a gripe. Tomei um antibiótico e segui a vida, sem treinos. A gripe passou, mas um dia antes da viagem para Maryland me ligaram dizendo que o dr. Nelson pedia uma imunoglobulização. É um procedimento parecido com uma transfusão de sangue e ajuda na imunização, acelerando a recuperação do corpo. Foram quatro horas deitado, e na hora bateu um pânico. Depois que entendi o motivo, achei ótimo, porque também faria com que eu me sentisse melhor.

Antes de seguir para os Estados Unidos, curti uma semana no Canadá passeando com minha família e não treinei nenhum dia. Depois, fomos para a Filadélfia, onde o Dan mora, e nos hospedamos na casa dele. Foi ótimo. A última vez que tínhamos nos encontrado havia sido uns oito meses antes, na despedida dele da empresa. Ele tinha treinado muito, estava bem mais em forma. Nos dias em que passei lá, só corremos meia hora, em um ritmo confortável, e evitamos treinamentos exaustivos.

No sábado de manhã, partimos para Cambridge, em Maryland, onde seria a prova. O dia estava lindo, ensolarado, quentinho, e fizemos todo o ritual de *check-in* da competição: registro, ajuste da bicicleta, reconhecimento do percurso e do rio onde aconteceria a etapa de natação. No dia seguinte, partimos para o local da largada às 4h30 da manhã. Só que, quando acordamos, estava chovendo, frio e ventando! Nessa hora, comecei a me perguntar seriamente o que estava fazendo ali. Paramos na área de transição para arrumar a bike, e anunciaram que a etapa de natação havia sido cancelada por causa do clima. Percebi um misto de frustração e alívio entre os participantes – em geral os triatletas não são bons nadadores. A saída da prova de bicicleta acabou sendo sequencial, por número.

Eu estava quase duzentos números na frente do Dan, não tinha como esperar por ele nem quis ir devagar, para evitar pegar muita chuva e vento. Então combinamos de nos encontrar na área de transição para corrermos juntos. Até porque as bicicletas precisam manter uma distância entre si, não podem andar lado a lado.

Assim, pedalei tranquilo, porque sabia que chegaria na frente dele e teria que esperar. Não tinha pretensão com tempo, ritmo ou horário. Fui curtindo e com o cuidado redobrado pelo piso molhado. Completei em três horas e, quando terminei, encontrei todo mundo me esperando, minha família e a dele. O *tracker* dele estimava que ele ainda iria demorar uns 35 minutos. Estava com receio de que meu corpo esfriasse, mas brinquei com meus filhos, comi alguma coisa e fiquei lá relaxando. Quando ele chegou, ajudei na transição e saímos para correr.

Como Dan estava bem cansado e não tinha tido tempo de relaxar como eu, meu papel foi incentivá-lo o tempo todo no percurso. Nessa hora, percebi que, apesar da espera, também estava cansado, pois meu treino havia sido mais leve. A fim de evitar a estafa de ambos, combinamos de parar a cada 2,5 quilômetros nos postos de hidratação para descansar um pouco, comer e beber alguma coisa. Quebramos a prova em micro-objetivos e fomos em frente. Contamos piada, falamos de trabalho, da vida, da família... Corremos devagar, em um ritmo superconfortável. Fomos assim até o fim. É cansativo, mas a gente nem sentiu o tempo passar. Afinal, era a concretização do #ThisIsAMission!

A felicidade bateu mesmo quando entramos em uma rua de onde é possível ver o pórtico de chegada. Nessa hora, tivemos a certeza de que conseguiríamos completar o Ironman. Faltavam apenas 300 metros quando comecei a rever todo o meu filme desde a descoberta da doença até o tratamento e a superação. Abri um sorriso largo, enxuguei as lágrimas com as mãos suadas, abracei meu amigo – que retribuiu carinhosamente o gesto –, e, juntos, cruzamos a linha de chegada imensamente emocionados: "Vencemos!".

Quando acabou, ele me disse: "Foi pesadíssimo, mas acho que eu vou querer fazer outro!". Ou seja, tinha sido picado pelo bichinho do esporte. Bom, para mim pelo menos ainda não seria em 2019.

À noite, voltamos para a casa dele e fizemos uma cerimônia. Cada um tirou sua pulseira do projeto #ThisIsAMission e fez uma dedicatória para o outro. Aí colocamos ao lado das medalhas. Depois partimos para uma comemoração em grande estilo com nossas famílias!

Depois do câncer e do tratamento, passei a ser mais gentil com meu corpo. Parei com todos os projetos esportivos por um tempo. Quero me recuperar por completo e descansar bastante. A doença é uma página virada, mas sobra um receio e fico atento sempre que sinto algo diferente. Sei que estou muito bem e que, mais para a frente, vou retomar a vida de atleta.

Por enquanto, só tenho a agradecer por tudo o que conquistei. Provei para mim mesmo que sou capaz de vencer batalhas aparentemente impossíveis e que aguento e posso superar momentos difíceis que cruzam meu caminho. Além disso, eu me sinto abençoado por compartilhar tudo isso com pessoas queridas e que me ajudaram a estar aqui.

Espero que você, leitor, tire deste livro aquilo que achar bom para se ajudar ou ajudar alguém em situação semelhante àquela pela qual passei. Sim, foi difícil, mas possível. Obrigado.

Posfácio

"Tudo é possível."
Que conceito! Essa frase simples, mas incrivelmente poderosa, é o lema que inspira os atletas de Ironman em todo o mundo.

Conheci o David em 2016, quando ele se juntou à equipe que trabalhava em um projeto importante para a Arcos Dorados, empresa que opera a marca McDonald's na América Latina. Ele foi o líder do patrocínio da marca nos Jogos Olímpicos do Rio de Janeiro. Naquela cidade, começamos a formar uma ligação em torno do nosso amor mútuo pelo esporte. Mesmo assim, nossa relação era restrita ao trabalho, até que, quase dois anos depois, um evento muito diferente plantou a semente da nossa amizade. Em 16 de junho de 2018, David me enviou um texto, escrito desde sua cama do hospital, que dizia: "Dan, saiu o resultado preliminar que confirma que tenho um linfoma…".

Eu sabia que ele havia feito alguns exames porque não estava se sentindo muito bem. Ao mesmo tempo, tinha certeza de que era uma consequência do sonho, realizado pouco tempo antes, de completar um Ironman 140.6 (de 225 quilômetros de distância). Afinal, quem voluntariamente se expõe a tanto sofrimento físico e psicológico, vai contra o conselho de seus médicos e depois espera se recuperar rapidamente? Eu, com certeza, jamais pensaria em algo tão maluco!

Quando David me disse que era linfoma, tive dificuldade em processar a informação. Como algo assim poderia acontecer com um rapaz jovem, saudável e atlético, que se dedicava à família e era prodígio em sua profissão? Imediatamente, claro, fiz uma pesquisa básica sobre a doença. O que é? Como é o tratamento? Quais são as taxas de sobrevivência? Desanimador.

Depois que o choque inicial passou, uma coisa ficou clara para mim: não interessava como nem por que isso havia acontecido. O que importava era como ele venceria a doença e de que modo eu poderia ajudar. Desde o início, David mostrou seu lado otimista, afirmando em uma mensagem de texto que "o prognóstico é muito positivo!". Ao saber que ele estava sendo tratado por ótimos médicos e vendo seu otimismo, procurei uma maneira de apoiá-lo. Era o que eu tinha em mente quando, tímida e apreensivamente, fiz um comentário passageiro durante uma visita sobre participarmos de um triatlo juntos depois de sua cura. Não demorou para que o triatlo hipotético se tornasse uma competição real, um Ironman 70.3, que virou um objetivo comum (#IronMan2019) e um mote para nosso projeto #ThisIsAMission.

No início, algumas pessoas expressaram a preocupação de que eu poderia criar falsas esperanças. No entanto, não encarei assim. Sabia que a estrada seria longa e difícil, mas nunca duvidei do resultado. Mais tarde, conversando com alguns colegas de trabalho, me convenci de que o desafio ajudaria e motivaria David a fazer planos. Com isso, comemoramos o nascimento do nosso projeto distribuindo pulseiras verdes e amarelas nas quais estavam escritas as *hashtags* #IronMan2019 e #ThisIsAMission. E a pulseirinha viralizou!

Demos o acessório a familiares, amigos, colegas de trabalho e várias outras pessoas. Eternizamos o momento ao tirar uma *selfie* com o punho em riste mostrando a pulseirinha. Eu enviava minhas fotos para o David, e ele publicava nas redes sociais as dele com o mais recente ganhador de uma unidade. Mais importante que isso, porém, foi a enxurrada de fotografias e de pessoas mostrando suas pulseiras, o que confirmou para David quanto ele é amado e admirado por todos aqueles que o conhecem. Eu gosto de pensar que o projeto ajudou meu amigo a superar seus momentos mais difíceis.

Durante seu tratamento, em casa, no trabalho ou no hospital, David e eu trocávamos mensagens diariamente, e uma coisa que ele deixou claro para mim desde o início foi que não queria ser visto como vítima nem como doente. Esperava ser o mesmo David Grinberg, diretor de comunicações da Arcos Dorados Brasil, pai, marido, filho, irmão, amigo e colega de trabalho.

Eu sabia o que isso significava: meu maior desafio era garantir que ele priorizasse sua recuperação, não o trabalho. Ele é teimoso e é capaz de aguentar um desgaste físico maior que uma pessoa normal. Afinal, já competiu o Ironman seis vezes! Por isso, metade das conversas que tivemos no segundo semestre de 2018 foi para garantir que não se esforçasse tanto no trabalho de maneira a atrasar sua recuperação. A outra metade girou em torno de assuntos relacionados ao escritório e, mais importante, à vida familiar. E, a partir do momento em que me comprometi a me tornar um ironman, também começamos a falar sobre o meu treino.

Confesso que não estava no auge de minha condição física quando comecei a jornada rumo ao Ironman 70.3 de Eagleman, em Cambridge, Maryland. Na verdade, estava em minha pior forma. Aos 44 anos, pesava mais de 110 quilos, nutria péssimos hábitos alimentares (tanto em quantidade quanto em qualidade), bebia bastante cerveja, viajava constantemente a trabalho e quase nunca me exercitava. Pensando bem, a doença de David pode ter salvado minha vida!

Contratei um *personal trainer* para me auxiliar a perder peso e preparar meu corpo para quase 2 quilômetros de natação, 90 quilômetros de ciclismo e 21 quilômetros de corrida que enfrentaria com meu amigo. O início da jornada foi humilhante, mas me dediquei com afinco à missão. Toda vez que pensava em trapacear em um exercício ou pular um treino, tudo o que precisava fazer era olhar para a minha pulseira verde e amarela. Saber que David estava enfrentando uma jornada muito mais difícil ajudou a me manter determinado. De tempos em tempos, enviava a ele fotos do meu rosto suado depois de um treino, uma corrida ou umas voltas de bicicleta. Ele sempre respondia com uma frase motivacional ou conselhos sobre como intensificar meu treinamento. Normalmente, sou uma pessoa muito descontraída, que não consegue passar mais de alguns minutos sem fazer piada. No entanto, a certa altura, meu treinador, amigo da família, perguntou à minha esposa se eu sempre havia sido sério. Não, eu estava apenas DETERMINADO!

Enquanto eu me exercitava, David enfrentava seus ciclos de quimioterapia. Parecia lógico que ele resistiria ao tratamento melhor que a maioria das pessoas, por causa de sua pouca idade e de sua excelente condição física. Sem mencionar sua capacidade mental para lidar com o sofrimento. Apesar disso, sabia que ele poderia ter contratempos e estava preparado para apoiá-lo com todas as palavras e todos os gestos necessários. A verdade é que, mais que suas façanhas como triatleta, David mostrou ter o coração de um campeão em sua luta contra o linfoma. Ele cumpriu seu cronograma e, sempre que conversávamos ou nos víamos (no hospital, no escritório ou quando fomos com alguns amigos ver um jogo de seu amado Santos Futebol Clube), David exalava uma felicidade genuína e mantinha o pensamento positivo. Ele nunca reclamou de dores, mencionando-as apenas quando eu perguntava e logo mudando de assunto. Espero nunca experimentar o que ele passou, mas o admiro pelo modo como enfrentou a batalha: como um campeão!

No início de 2019, com a pior parte do tratamento dele no retrovisor, David e eu começamos a treinar para completar nossa missão. Ele no Brasil e eu ainda nos Estados Unidos. Não tivemos mais conversas sobre médicos, hospitais nem transplante. Seu cabelo voltou a crescer e seu corpo se recuperou. Em pouco tempo, ele passou a publicar seus treinos de natação, ciclismo e corrida nas redes sociais, e eu recebia fotos do rosto suado dele, mostrando que também estava se preparando para nossa missão. Fiquei feliz ao vê-lo voltar a fazer o que ama.

Naquele momento, eu já me exercitava regularmente e havia melhorado a dieta. Nadar foi mais difícil do que eu esperava no começo, mas não demorei muito para sentir que seria capaz de completar essa etapa da prova. Então, veio o ciclismo. Fui forçado a pedalar sobre um rolo dentro de casa, já que os invernos na Pensilvânia são muito rigorosos. Embora soubesse que iria devagar, treinei o suficiente para ter certeza de que conseguiria cumprir a distância. Por fim, a parte que eu mais temia: a corrida. Cresci jogando futebol, mas sempre preferi ser goleiro. Por quê? Odeio correr! De fato, antes de aceitar esse desafio, o máximo que havia percorrido em toda a vida havia sido 2,5 quilômetros. Como eu iria correr 21 quilômetros? A resposta: com um passo de cada vez.

A fase final do treinamento incluiu dois desafios importantes, que me fizeram ter confiança em minha capacidade de terminar o

Ironman 70.3 de Eagleman. A primeira foi a Broad Street Run, uma corrida de rua de 16 quilômetros, na Filadélfia, que completei junto com meu cunhado e sua esposa. Os dois terminaram antes de mim, mas, para minha surpresa, cruzei a linha de chegada dez minutos mais rápido do objetivo que havia definido! Saber que tinha corrido 16 quilômetros pela primeira vez na vida me fez acreditar que, em algumas semanas, eu seria capaz de correr mais um pouquinho.

O segundo desafio foi um triatlo *sprint* em Bear, no estado de Delaware. As distâncias eram curtas, mas queria experimentar a transição da natação para a bicicleta e depois para a corrida. Por pouco não consegui passar da natação. Na verdade, quase parei antes dos 200 metros da prova de mil metros na água. Meu coração ficou acelerado, minha respiração, fora de controle, senti a roupa de mergulho apertada, havia centenas de pessoas ao redor, a água estava escura e não conseguia ver mais de 15 centímetros à frente. Mais uma vez, minha pulseira me salvou. Tirei-a de sob a roupa de natação e me acalmei o suficiente para completar a prova, porque havia prometido ao meu amigo David. Depois, pedalei os 16 quilômetros e corri os 5 quilômetros necessários para completar o primeiro triatlo da minha vida. Eu me senti muito agradecido pela experiência e percebi que estava totalmente pronto para o #IronMan2019.

A manhã da corrida chegou depressa. David havia vindo do Brasil com a esposa e os dois filhos para fazer a prova. Partimos para Cambridge com meu pai no dia anterior, e minha esposa e minha irmã foram de carro na manhã seguinte para nos apoiar. Estava agora com 45 anos, pesava menos de 96 quilos, mantinha hábitos alimentares muito melhores, bebia pouca cerveja, havia mudado de emprego para viajar menos a trabalho e me exercitava com frequência. Na manhã de 9 de junho de 2019, usando um uniforme combinado e feito sob medida para nossa missão, eu me senti um verdadeiro triatleta ao lado de meu amigo David Grinberg.

A primeira notícia que recebemos naquela manhã foi decepcionante. O rio onde nadaríamos estava muito turbulento para permitir que os botes de segurança entrassem na água, o que fez com que os organizadores cancelassem a etapa de natação. Fiquei desapontado, porque queria poder dizer que tinha completado uma competição de 70,3 milhas, mas que agora teria "apenas" 69,1 milhas. Para piorar, David e eu havíamos planejado nadar, pedalar e correr um ao lado do outro o tempo todo. Ele ia me impedir de me afogar e me motivaria a terminar a corrida no fim. Só que agora os atletas seriam liberados na ordem dos números de inscrição. Como havia mais de 250 competidores entre o número de David, 2.195, e o meu número, 2.458, ele sairia para o percurso de bicicleta de 10 a 15 minutos na minha frente, e com certeza terminaria os 90 quilômetros muito mais rapidamente. Naquele momento, disse que ele deveria pedalar e correr em seu ritmo e que nos veríamos no fim. Mas ele respondeu: "De jeito nenhum! Vamos fazer a corrida juntos! Vou esperar por você e vamos cruzar a linha de chegada juntos!".

E foi o que ele fez. Como saiu antes e pedalou mais rápido, David acabou esperando por mim para começarmos a corrida juntos. Estava na área de transição, onde comemorou minha chegada, me ajudou a trocar o equipamento de ciclismo pelo tênis de corrida e manteve minha mente longe do fato de que minhas pernas ainda estavam dormentes da pedalada.

Achei a corrida tão difícil quanto havia previsto, mas David não saiu do meu lado e passou o tempo todo me incentivando e me empurrando. Conversamos sobre muitas coisas e com vários outros atletas nesses 21 quilômetros percorridos em 2h45 (nunca disse que seria rápido!), enquanto corríamos, andávamos e depois corríamos mais um pouco. Durante os últimos 800 metros, ouvimos o barulho da torcida e a voz do locutor nos alto-falantes, parabenizando os atletas que cruzavam a linha de chegada. Saber o que cada um de nós passou para viver esse momento juntos trouxe uma sensação tão grande de realização e de alegria que não tenho palavras para descrever. Em meio à exaustão daquele dia chuvoso em Cambridge, lembro-me de colocar o braço sobre os ombros de David, de erguer o outro para o céu e de cruzar a linha de chegada com ele, para então dar um longo abraço em meu amigo.

Quando enfrentamos nossos desafios comprometidos e com a atitude certa, "tudo é possível!". Concentre-se no que é verdadeiramente importante para você, seja grato por todos os dias que passa neste mundo e torne-se o melhor pai, marido, filho, irmão e amigo que puder.

#MissãoCumprida
Dan Schleiniger

Obs.: Nem David nem eu poderíamos ter feito o que fizemos entre 26 de junho de 2018 e 9 de junho de 2019 sem o apoio de familiares e amigos. Obrigado a todos vocês! Além disso, David estava certo quando me disse que havia 100% de chance de eu querer fazer outro Ironman depois de completar o primeiro. Já temos um novo projeto: #rumoaoproximo70.3!

Agradecimentos

Agradeço em primeiro lugar à minha família, por haver me educado de modo que eu pudesse me tornar capaz de enfrentar e vencer os desafios da vida. Obrigado a meus pais, Eva e Max, e meus irmãos, Henrique e Jairo.

Todo o meu amor à minha esposa, Thais, que sofreu comigo como se também estivesse doente e foi testemunha dos momentos mais difíceis pelos quais passei nos meses de tratamento. E a meus filhos, Ariella e Ronny, que viveram cada minuto a meu lado nessa luta e sempre foram minha fonte de motivação para seguir em frente e nunca deixar a peteca cair.

Também deixo meu mais sincero, profundo e carinhoso obrigado a toda a equipe de médicos do Hospital Israelita Albert Einstein, em especial ao dr. Nelson Hamerschlak e a seu time de hematologistas.

Enfermeiros e técnicos de enfermagem, que demonstraram extremo profissionalismo, carinho e paixão pelo que fazem, saibam que sempre me senti seguro nas mãos de vocês.

Ressalto, ainda, que sou grato a todos os meus demais familiares, colegas e amigos. Cada um de vocês foi fundamental para me ajudar a vencer essa luta e realizar o sonho de escrever um livro para registrar essa saga. Entendo que ele possa servir de inspiração para pessoas que se encontram em situação semelhante à que atravessei ou que tenham amigos ou parentes nessa mesma luta.

Preciso registrar aqui alguns nomes que realmente fizeram a diferença durante cada dia do tratamento. São amigos a quem serei eternamente grato e a quem um dia espero retribuir um pouco do carinho e da atenção que tiveram comigo: Daniel Schleiniger, Boris Gris, Luiz Marcelo Correa, Edwin Calvert e Paulo Camargo.

Um agradecimento especial também à minha equipe de trabalho, da qual tenho muito orgulho e que, durante todo o período em que estive ausente, conduziu o departamento de comunicação da Arcos Dourados de maneira exemplar. E também a meus superiores, pela paciência e pelo apoio incondicionais.

Por fim, meus reconhecimentos aos treinadores Mario Sérgio Silva, Adriana Silva e Murilo Santos, e suas equipes os grandes responsáveis por me colocar em forma de novo, depois do meu retorno. Sem a paciência, a perseverança e os conselhos deles, certamente eu não teria conseguido voltar ao esporte.

Destaco ainda todas as pessoas que, mesmo não sendo tão próximas, fizeram grande diferença ao enviarem energias positivas: todos os gestos, as palavras e as mensagens me ajudaram muito a superar a batalha.

**Acreditamos
nos livros**

Este livro foi composto em Fairfield LT Std
e impresso pela Gráfica Santa Marta para a
Editora Planeta do Brasil em março de 2021.